An alle Mutigen
da draussen...

Bibliografische Information der Deutschen Nationalbibliothek:

Die Deutsche Nationalbibliothek verzeichnet diese Publikation in der Deutschen Nationalbibliografie; detaillierte bibliografische Daten sind im Internet über dnb.dnb.de abrufbar.

© 2021 Paulina Tsvetanova (Hrsg.), PAULINA'S FRIENDS

Korrektur & Lektorat: Roland Bluemel, https://rolandbluemel.de/

Coverdesign, Satz: Claudia Mohr

Herstellung und Verlag:
BoD – Books on Demand, Norderstedt

ISBN: 978-3-7543-0801-1

Paulina Tsvetanova (Hrsg.)

Corona Geschichten

Aus der Krise für die nächste Krise lernen

Inhalt

Corona-Flüchtling auf Teneriffa 7

Covid-Tote oder wie ich meine Oma verlor . 14

Annie findet den Weg 21

Was übrig bleibt. 24

Entschleunigung und eBay. 27

Was sich geändert hat! 30

Querdenker? Quer denken... 35

Meine Corona Geschichte 40

Covid. Im Hasenberg.
(Auszug aus Fade 8) Menschen werden
zu Hexen – Fröschen – Kröten.
Und alles in der Welt. 43

Die C-Wörter – Schimpfen in der Pandemie . 58

Anonyme Corona-Geschichten 63

Was möchtest Du gerade? 65

Höhenluft 71

Corona – und die
Welt wird (hoffentlich!)
nie wieder so sein wie vorher. 76

„Corinna"-Zeiten 82

Corona und die Suche nach Freiheit 84

Über das, was man
nicht in Worte fassen kann.... 92

LUXY FLUXI 94

ach gustav 95

Corona 96

Rezept 102

A French Sandwich 108

Mit beiden Beinen auf dem Boden bleiben –
Coronatagebuch einer
alleinerziehenden Mutter 113

Die Ständegesellschaft der Zukunft . . . 144

Kunstprojekt_mensch ist mensch* 172

Corona-Flüchtling
auf Teneriffa

Ich erzähle Euch, wie mein Leben aussieht, rückwirkend zurück bis zum Beginn der Corona-Krise. Seit Januar 2021 befinde ich mich auf der paradiesischen Insel Teneriffa. Wie lange ich hier bleibe, überlasse ich dem Schicksal und ein wenig auch der künftigen Corona-Politik. Anfangs war die Reise für vier Wochen geplant, mein längster Urlaub bisher. Ich brauchte dringend Urlaub von meinem vierten Laden (mit integriertem Schneideratelier), den ich pünktlich zum Beginn des „Lockdowns Light" eröffnet habe. Er war erstaunlicherweise ein sensationeller Erfolg. Trotz oder vielleicht gerade wegen der Corona-Absurditäten: Ein Besucher auf zehn qm war erlaubt (meine Ladenfläche war nur zehn qm insgesamt groß, daher musste ich den Laden verlassen, sobald ein Kunde reinkam...)

Der Umsatz stimmte, da die meisten Kunden Einkaufen mit Seelsorge verwechselten. Ich habe die Seelsorge gratis zusätzlich zum Kauf angeboten. Mehrfach musste ich, aufgrund einer Messerstecherei vor meinen Augen, die Polizei holen, wegen des inadäquaten Verhaltens von psychisch und körperlich nicht ausgelasteten Jugendlichen, die mich mit Bier bespritzten, wegen Diebstahl und sexueller Belästigung vor den Augen meiner Kunden. Kurz: Die Menschen drehten wegen Corona komplett am Rad!

Zumindest war meine Miete sehr günstig, da ich den Laden von jemandem untergemietet hatte, der unbedingt raus wollte. Viele der Nachbarläden kämpften verzweifelt ums blanke Überleben und waren, gelinde gesagt, frustriert und wütend. Die Gastronomie war geschlossen, aber wie soll der Einzelhandel ohne Gastro bei Minustemperaturen laufen?

Nun ja, nach dem Beschluss des harten Lockdowns ab dem 16.12.2020 brach das Weihnachtsgeschäft zusammen, obwohl ich kurzzeitig glücklich war, dass man mir eine größere Ladenfläche zur Zwischennutzung angeboten hatte. Dann zum Schluss zog man das Angebot zurück. Das Bikini-Haus stand plötzlich leer. Ich zog meinen kompletten Ladenauszug in drei Stunden durch. Im Nachhinein betrachtet war das eine der besten Entscheidungen, die ich je treffen konnte. Denn nun liege ich in der Sonne bei 25 Grad in einer Luxusanlage im marokkanischen Stil mit super Pool und Blick auf den Teide (allerdings ist das schon die vierte Wohnung auf Teneriffa, in der ich lebe, denn die davor waren im Vergleich zu dieser eine nackte Katastrophe). Ich habe mir eine Nähmaschine ausgeliehen: Die kanarischen Karnevalsstoffe sind so verführerisch, dass ich bald einen extra Koffer für sie brauche. Aktuell arbeite ich zusätzlich an meiner Doktorarbeit (Gott sei Dank muss ich keinen

Präsenzunterricht geben). Glücklicherweise habe ich dafür ein Promotionsstipendium bekommen, das meine Existenz aktuell sichert. Hoffentlich schaffe ich diese Mammutaufgabe!

Warum entschied ich mich zu promovieren? Eigentlich wollte ich ja nur meine Mode machen. Zur Erklärung hole ich ein wenig aus. Ich musste jonglieren, schon wieder in der Not kreativ werden. Ein kurzer Überblick über alles, was letztes und dieses Jahr aufgrund der Corona-Pandemie abgesagt wurde: 90 % meiner Veranstaltungen (Kunstmessen, Modenschauen, Fotoshootings, Buchpräsentationen) finden offline statt. Mein Umsatz wird ausschließlich über „Live-Veranstaltungen" (https://paulinas-friends.com/veranstaltungen-und-verkaufsstellen/) generiert, da ich emotionale Produkte verkaufe (zum Beispiel Kunstmode & Bücher im Selbst-verlag über www.paulinasfriends.com/buecher) und zwar ausschließlich an Stammkunden und Menschen, die ich persönlich davon überzeugen muss. Online-Verkauf ist im Falle meiner extravaganten Künstlermode (www.paulinasfriends.com/online-boutique/) kaum möglich. Auch musste ich wegen Corona meine sogenannten „Zufallssalone" – Unternehmertreffs (www.paulinasfriends.com/zufallssalon) absagen: eine Jury-Teilnahme in Amsterdam, einen Kongress mit Modenschau in einem 5-Sterne-Hotel in Berlin. Sämtliche Nähkurse, bei denen ich meine Designerhandwerkskunst verbessern wollte, wurden ebenfalls gestrichen. Man schreibt monatelang Konzepte, kommuniziert, gewinnt Menschen, akquiriert Teilnehmer, Models, Stylisten, Fotografen, Presse, tätigt Investitionen etc. und steht zum Schluss allein im Homeoffice da.

Einerseits bin ich zutiefst dankbar für die großartigen Corona-Zuschusshilfen, anderseits verängstigt, ob ich sie irgendwann dann doch zurückzahlen muss. Bis vor einigen Monaten hatte ich unzählige Masken genäht und bin froh, dass ich irgendwann damit aufhörte und meine wertvollen Couture-Stoffe nicht dafür verbraucht habe. Sie hätten sowieso nicht mehr gegen Corona geschützt.

Ich hätte meine Ausbildung zur ehrenamtlichen Sterbebegleiterin nun beinahe nicht abschließen können, da ich es wagte, bei einem der letzten Ausbildungsseminare zu erzählen, dass ich gerade fünf Tage lang in meiner Heimat (zu dem Zeitpunkt war der Ort meines Aufenthaltes kein Risikogebiet) und extra wegen meiner Ausbildung zurückgekehrt war. Dass ich mich sicherheitshalber testen lassen wollte (was ich eigentlich gar nicht hätte machen müssen), aber die Teststelle am Flughafen trotz Vorschrift geschlossen war. Das Ergebnis war: Ich wurde von der Ausbildung ausgeschlossen, unfassbar, vor allem, wenn man die Tatsache bedenkt, dass ich die einzige Ausländerin in der Gruppe war. Ich habe überlegt, sie wegen Diskriminierung mit der Unterstützung der Antidiskriminierungsstelle des Bundes zu verklagen. Eigentlich ging es mir gar nicht um mein Zertifikat, sondern um das Schicksal derer, die gerade am Sterbebett liegen und allein, isoliert, vernachlässigt, ganz leise von der Welt verschwinden, wie meine geliebte Omi. Mir bricht das Herz in Gedanken daran (https://www.paulinasfriends.com/covid-tote).

Meine anfängliche Begeisterung für den Corona-Pflichturlaub (erster Lockdown) schwand nach einigen Monaten. Doch muss ich fairerweise sagen, dass ich dank Corona schneidern gelernt habe. Ich kam genau vor einem Jahr Mitte März pünktlich zum ersten Lockdown zurück (wieder aus Teneriffa). Allerdings war ich davor vier Wochen lang in Milano, Kairo, Sharm El Sheikh, Rom und Madrid, quasi in allen Corona-Hotspots zu Beginn der Krise und hatte bereits alle Symptome und noch ein paar mehr.

Das Leben Mitte März 2020 wurde sukzessive runtergefahren, und es war höchste Zeit, dass ich meine Angst vor der Nähmaschine überwand. Letztendlich ging es um meine Lebensleidenschaft – die Mode. Die ersten ziemlich verrückten Stücke, die entstanden sind, bei denen ich nicht so recht wusste, was ich tue, sind übrigens inzwischen an eine wichtige Kunstinstitution und eine welt-berühmte Automarke verkauft worden. Dann kam New York Fashion Week ins Spiel (ich wurde als nachhaltiges Modelabel eingeladen), mal sehen, ob es dieses Jahr überhaupt stattfinden wird... Auch hier handelt es sich um hohe Investitionen für die Teilnahme, die Flüge und die speziell für die Show entworfene Kollektion.

Also Ihr merkt schon, wie ambivalent ich aufgrund von Corona bin. Hier auf den Kanaren kann man es sich definitiv nicht leisten, im ewigen Lockdown zu verharren. Auf der Insel wird nicht diskutiert oder gegen die oft hirnrissigen Maßnahmen (aus meiner Sicht zurecht!) rebelliert. Die Wirtschaft ist am Boden, Geschäfte, Cafés, auch einige Hotels müssen offenbleiben. Es gilt Maskenpflicht überall, Sperrstunde und ein Negativtest für alle von auswärts Einreisenden. Ich wundere mich, dass Deutschland an den einfachsten Dingen scheitert, dass die öffentliche Diskussion die psychisch-emotionalen Aspekte der Krise komplett außer Acht lässt. Wegen der in meinen Augen übertriebenen Spaltung der Gesellschaft, der Stigmatisierung von Andersdenkenden, dem Neid vieler, warum man gewisse Dinge trotz Corona tut (wie Reisen), stelle ich mein Weiterleben in Deutschland auf lange Sicht in Frage und bleibe eben Corona-Flüchtling, der den ganzen Zirkus aus der paradiesischen Distanz betrachtet. Wenn ich Deutschland verlassen würde, wäre es der ca. fünfundzwanzigste Umzug nach Freiburg, München, Berlin, in ein drittes Land. Natürlich fühl ich mich irgendwo heimatlos, gescheitert und zwiegespalten, zumal man Berlin nicht so einfach aufgeben kann. Ich habe mich bewusst dagegen entschieden, mit Menschen, die man liebt, über Corona-Politik, Impfen etc. zu diskutieren, vor allem wenn man von vornherein weiß, dass man anderer Meinung ist. Und doch bin ich der Corona-Krise dafür dankbar, dass sie ordentlich in meinem Leben sortiert hat – Prioritäten, Menschen, Perspektiven, und dass

sie viele Ängste ans Licht gebracht hat, die dringend angeschaut werden mussten. Wir brauchen
Schlupflöcher, Rettungsanker für unsere Psyche,
damit die Seele heil bleibt.

Paulina Tsvetanova

*„Ich bin eine Patchwork-Persönlichkeit. Selfmade-
Unternehmerin, Modedesignerin, Autorin, Mut-
macherin, Zufallsexpertin. Dazu bin ich studierte
Kunsthistorikerin, habe anfangs die vernünftige
Karriere einer Kuratorin, Galeristin, Kulturman-
agerin und Marketing-Leiterin gewählt. 2016
gründete ich meine Kreativagentur PAULINA'S
FRIENDS – die Zufallswerkstatt. Später kam die
eigene Couture-Linie tragbarer Unikate an der
Schnittstelle von Mode und Kunst ins Leben.
Zurzeit promoviere ich an der Hochschule Trier
& Burg Giebichenstein im Bereich Gestaltung/
Designwissenschaften, gefördert mit einem
Promotionsstipendium."*

www.paulinasfriends.com

Covid-Tote oder wie ich meine Oma verlor

„Lege mich wie ein Siegel auf Dein Herz. Denn, Liebe ist stark wie der Tod."

Viktor Frankl,
Der Mensch auf der Suche nach Sinn.

Meine geliebte Oma ist vor kurzem gegangen, leider ihrer sehr unwürdig: wie Tausende andere Menschen während der Covid-Pandemie. Eigentlich bin ich ausgebildete Sterbebegleiterin. Selten habe ich mich so ohnmächtig dem Tod gegenüber gefühlt – vielleicht auch weil es mich dieses Mal persönlich traf. Oma hat mich zutiefst geprägt. Ich trage den ersten Buchstaben ihres Namens („P" – sie Panka, ich Paulina). Zeit ihres Lebens hat sie Patchwork und Upcycling gemacht. Sie hat aus alten Kleidern Stoffe zusammengeflickt (im Kommunismus hatten sie nicht viel), gehäkelt, Briefe und Notizen geschrieben, Ausstellungen initiiert, Menschen zusammengebracht. Oma war eine Geschichtenerzählerin – in Stoffen, Worten, Taten. In meiner Unikatmode (www.paulinasfriends.com) findet Ihr viele Spuren von ihr. Diese Welt braucht mehr Menschen wie sie.

Bei Oma wurde zwei Wochen zuvor, im Alter von achtundachtzig, Darmkrebs diagnostiziert, dann hat sie im Krankenhaus nach ihrer Bluttransfusion Covid bekommen. Sie hatte allerdings kein einziges Covid-Symptom. Danach wurde sie vergeblich operiert (ja, es war letztendlich ihr Wunsch, aber die Ärzte wussten, dass es sinnlos war, und haben sie trotzdem überredet), künstlich beatmet (sie hatte keinerlei Atemprobleme), ins Wachkoma versetzt (immerhin reagierte sie auf Berührungen), und zum Schluss hat das Herz im Schlaf aufgehört zu schlagen. So wollte sie gehen und hat keine Schmerzen gehabt. Ein kleiner Trost. Natürlich konnte man sich nicht von ihr verabschieden, sie wurde als Covid-Patientin statistisch geführt und isoliert, und letztendlich in einem verschlossenen, versiegelten Sarg im kleinsten Kreis verabschiedet.

Leider habe ich von ihrem Tod nur indirekt über Facebook erfahren. Grauenvoll. Meine Familie auf dem Balkan wollte uns angeblich verschonen. Obwohl ich die letzten zehn Tage nonstop jedes Detail mit denen besprochen, mitgefiebert und gebetet habe, Rituale machte (wie beispielsweise die Fahrt auf den Teide auf dreitausendachthundert Meter...). Krass war noch, dass meine Verwandten die Beerdigung innerhalb von eineinhalb Tagen (!) geplant und durchgezogen haben. Es musste schnell vom Tisch sein. Blinder Aktionismus in meinen Augen. Kein Raum für Trauern. Hauptsache, keine Emotionen an sich herankommen zu lassen, denn man kann jetzt eh nichts ändern, selbst wenn man da vor Ort erscheinen würde. Oder waren es die Covid-Restriktionen?

Darf man einem vorschreiben, so blitzschnell einen geliebten Menschen zu verabschieden? Kann ein Toter so gefährlich für die Lebenden sein? Keine Ahnung. Ach ja, meine Zwillingsschwester und ich (ich zurzeit auf Teneriffa, sie in Paris) hatten gar keine Möglichkeit, einen PCR-Test zu machen, um fliegen zu können. Allein der Flug von Teneriffa nach Sofia plus Fahrt bis zum Dorf meiner Oma hätte mindestens fünfundzwanzig Stunden gedauert plus vierundzwanzig Stunden warten auf den Negativtest.

Ich hätte auch zwei Tage im Flieger gesessen, auch Tausend Euro für einen Flug bezahlt, wenn ich genug Zeit gehabt hätte, rechtzeitig bei dir zu sein ... Naja, immerhin fand die Beerdigung für uns beide virtuell über Facebook statt (juhuuu!). Ist das nicht absurd, menschenunwürdig, pietätlos? Wollte die Oma vielleicht so schnell und unbemerkt von der Bildfläche verschwinden? Sie wollte niemandem zur Last fallen, niemanden behelligen. Sie war so sanftmütig, bescheiden und keusch, sie hat uns vorgelebt, dass man danach streben sollte, stets ein besserer Mensch zu sein. Sie hat hundert Euro Rente gehabt und fragte mich neulich am Telefon, ob sie mir Geld schicken soll. Ich, die seit vier Monaten auf Teneriffa überwintert...

Sie hatte sich auf ihre große Reise vorbereitet und in einem Päckchen mehrere Sachen für ihre Aufbahrung und diese Zeilen hinterlassen:

„Irgendwann kommt auch dieser Moment (der Tod). Wenn ich Euch mit etwas verletzt habe, bitte ich um

Verzeihung. Wenn Ihr Erinnerungen an mich habt, erwähnt mich. Ich habe Euch sehr geliebt, auch wenn ich es nicht immer zeigen konnte".

Man hat im Krieg und später im Kommunismus nicht so viel über Emotionen gesprochen. Geistiges Erbe wurde großgeschrieben. Trotz alldem: Sie war eine, zwar auf lokaler Ebene, sehr wichtige Frau (ehemalige Bürgermeisterin). Sie wurde respektiert, geliebt, gebraucht. Sie hat so viele Menschenherzen berührt. Deshalb hat sie einen anderen Abschied verdient, und nicht so einen emotionslosen, unpersönlichen, unvollständigen. Mir blutet das Herz, wenn ich an die Würde dieses großen Menschen denke und all die Blumen, die sie in die Seelen ihrer Mitmenschen eingepflanzt hat. Ich bin maßlos wütend, zornig, ohnmächtig über all die unglücklichen Fügungen am Ende eines so würdevollen Lebens!

Immerhin durfte ich einen persönlichen Brief von mir ins Grab mitgeben (wohlgemerkt nicht in den verschlossenen, versiegelten Sarg, sondern in ihr Päckchen ... am Ende nimmt man wohl nur ein Päckchen mit):

„Liebe Oma, ich weiß, dass Du uns nicht traurig sehen magst, aber dieses Mal geht es nicht anders. Du fehlst uns unheimlich! Und ja, ich weiß, dass Du uns noch mehr liebst, als wir Dich, und dass es Dir immer besser geht. Als ich erfahren habe, dass Dein Zustand sich während des Komas gebessert hätte, dachte ich mir: Sie will uns austricksen (und vertrösten), sie möchte eigentlich gehen und deswegen täuscht sie uns vor, dass es ihr besser

geht, damit wir sie endlich loslassen. Ich wusste nicht, dass es so schwer ist, jemanden, den man liebt, gehen zu lassen. Ich hoffe inbrünstig, dass Deine Seele nun frei ist, so wie Dein Geist Zeit Deines Lebens war. Für mich warst Du immer eins meiner größten Vorbilder – für Bescheidenheit, Dankbarkeit, Güte, für Dein Streben, stets ein besserer Mensch zu sein. Du hattest immer genug, Du hast nie gejammert. Warum habe ich Dir nicht öfters handgeschriebene Briefe geschickt? Warum habe ich Dich nicht öfters mit Kamera angerufen (wie absurd, wir haben uns über den Account meiner Tante über Facetime gesehen und nun erfahre ich von Deinem Tod über Facebook und verabschiede Dich über „Facebook Live")? Warum habe ich Dich nicht häufiger besucht? Wer wird nun meinen Kaffeesatz lesen? Wer wird mir Anekdoten aus der Kindheit erzählen? Wer wird mir von unbekannten Menschen berichten und mich mit denen vernetzen? Von Anfang an warst Du Teil meiner Modekollektion und das wird weiterhin so bleiben – Du wirst die Welt mit mir erobern! Ich freue mich, dass ich wegen Dir mein erstes Buch „Vom Glück des Zufalls. Das Nichtstun genießen oder warum wir das Leben dem Zufall überlassen sollten" (www.paulinasfriends.com/ buecher) ins Bulgarische übersetzen konnte, damit Du es lesen kannst (wie peinlich, dass ich nicht in meiner Muttersprache schreibe!) All das tröstet mich extrem. Ich werde nie Dein Motto vergessen: Im Leben zählt nur, wie viele Blumen Du in die Seelen Deiner Mitmenschen eingepflanzt hast. Das kann man nie oft genug wiederholen. In meiner Seele hast Du jedenfalls einen riesigen Paradiesgarten eingepflanzt. Ich hoffe, ich kann *den hüten, beschützen und seine Samen weiter streuen. Ich schicke Dir tausende von zarten Umarmungen von Engelsflügeln – diese sehe ich permanent am Himmel hier auf Teneriffa, wenn ich an Dich denke ... wie auch ab und zu ein Regenbogenlicht, ohne zu wissen, wo es herkommt ... Ach ja, und ich habe einen Tag nach Deiner Beerdigung von Dir geträumt, wie Du und ich auf einem fliegenden Teppich Popcorn essen und kichern. Dein Humor ist einmalig!"*

Last but not least: Es tut mir im Herzen weh, dass geliebte Menschen dermaßen würdelos verabschiedet werden – aufgrund von hirnrissigen, politischen Corona-Restriktionen. Es ist ein Skandal, dass letztendlich die „Unschuldigen", die Älteren/Sterbenden den Preis dafür bezahlen müssen. Gerade zu Corona-Zeiten brauchen diese Menschen dringend viel Nähe und Zuneigung. Ich hätte mich freiwillig mit Covid angesteckt, wenn ich nur gewusst hätte, dass ich die Hand meiner Oma ein letztes Mal halten könnte, dass ich sie umarmen, dass ich eine letzte Feier mit ihren Fans organisieren dürfte. Weil ich seit meinem siebzehnten Lebensjahr entwurzelt bin, seitdem ich nach Deutschland ohne Familie und Geld, als die Grenzen noch geschlossen waren, ausgewandert bin. Weil ich so sehr eine Familie an meiner Seite vermisse – nach über zwanzig Umzügen in drei Bundesländern, jetzt während der Pandemie seit Monaten als Corona-Flüchtling in Spanien, auf einer Insel mitten im Ozean, fernab von Familie und Verwandtschaft. Ein Luxusleben könnte man denken – ist es auch, aber auch eine Flucht von der Familie auf der verzweifelten Suche nach echter Liebe und Zuwendung. Diese hatte ich von meiner Oma bekommen.

Paulina Tsvetanova

Annie findet den Weg

Annie hat uns 15 Jahre lang begleitet und ist am Tag des Supermondes, am 8. April 2020, am Anfang der Corona-Krise von uns gegangen. Der Abschied war schmerzvoll und noch schmerzvoller war die Zeit danach ohne sie. An unsere gemeinsamen Jahre erinnert vieles: ihr Körbchen, Bälle, Kratzer an den Türen, Fettflecken an den Scheiben, Haare in den versteckten Ecken und viele Bilder, die gespeichert auf den Festplatten liegen und beim Öffnen scheinbar schon längst Vergessenes wach werden lassen.

Hier ist also eine Geschichte über Annie. Das ist in diesen Zeiten von Krankheit, Elend und Tod nur eine Erinnerung an einen alten Hund, aber die Wahrhaftigkeit der Zuneigung ereignet sich überall.

Es war an einem jener Septembernachmittage, die das Mittelmeer so magisch leuchten lassen. Wir hatten mit Annie, unserer kleinen Hündin, den Vormittag in einem duftenden, kleinen Kiefernwald in der südlichsten Ecke von Istrien verbracht, der die Fundamente einer römischen Villa aus augusteischer Zeit bedeckte. Annie liebte es zu schwimmen, und das Meer war in der angrenzenden Bucht niedrig und kristallklar. Wir nutzten die etwas kühleren Stunden gerne für kleine Wanderungen, so auch diesmal.

Vertieft in Gespräche und die Betrachtung der wunderschönen See liefen wir eine gute Weile am Strand entlang, Annie federte um uns herum. Eine Leine hatte sie nie gebraucht, so etwas wäre unserem Verhältnis nicht angemessen gewesen, allerhöchstens als Referenz an die amtlichen Erfordernisse.

Irgendwann bemerkten wir, dass wir die vertrauten Wege verlassen hatten und die Dämmerung hereinbrach. Im Vertrauen auf unsere allgemeine Orientierung jedoch traten wir nicht den Rückweg an, sondern versuchten, einen abkürzenden Bogen durch das Landesinnere zu schlagen. Wie töricht! Die Saison war beendet und die Straßen leer. Kein Café oder Restaurant waren für einen Hinweis auf den rechten Weg geöffnet. Und, heutzutage unvorstellbar, die Mobiltelefone waren noch nicht smart! Es wurde stockfinster, eine gewisse Unruhe schlich sich ein. Aber wir hatten doch unseren kleinen Erdgeist mit seinen unfehlbaren Instinkten. Annie spürte genau, was zu tun war. Wir folgten ihr durch die Finsternis, einem kleinen, hellen, wippenden Fünkchen vor uns in der Dunkelheit.

In diesem Moment vertrauten wir ihr völlig, so wie sie auch uns stets vertraut hat, von jenem Moment an, als wir sie zum ersten Male als Welpe in die Arme geschlossen hatten.

Und natürlich kamen wir in weniger als einer Stunde wieder am Wagen an. Kein großes Ding, so möchte man meinen, für ein Tier, dessen Überlebenschancen nicht zuletzt von seiner Orientierungsfähigkeit abhängen. Aber immer, wenn ich an jenen Spätsommertag denke, kommt mir diese

Botschaft in den Sinn: Vertrauen ist die Quintessenz der Liebe! Dies kann auch ein kleiner Hund beweisen, mit dem man ohne Furcht in die untergehende Sonne schreiten darf.

Dr. Tania Becker

Sinologin, Center for Cultural Studies on Science and Technology in China (CCST), TU Berlin. Dr. Tania Becker studierte an der Universität Zagreb, Kroatien, Kunstgeschichte und vergleichende Literaturwissenschaften sowie Sinologie an der Ruhr-Universität Bochum. Zu ihren Forschungsinteressen zählen der Philosophische Daoismus, das Hospizwesen und die Thanatosoziologie im heutigen China, die chinesische Gegenwartskunst und die Entwicklung von Robotik und der künstlichen Intelligenz.

Tania und Christoph Becker leben und arbeiten in Wuppertal und Berlin. Die fünfzehn Jahre mit dem Hund Annie-Mali werden für sie immer im Zeichen von Liebe und Vertrauen stehen. Der kleine Straßenhund, Maca, mit dem sie jetzt zusammenleben, wurde am selben Tag geboren wie Annie-Mali.

Was übrig bleibt

Vorhang auf:

Der Erste Lockdown. Alle Läden, die meine Kleidung führen, sind geschlossen. Mir fällt auf: Ich habe keinen Online-Shop. Wäre aber gut, einen zu haben. Ich baue einen.

Einen Online-Shop während einer Pandemie zu eröffnen, ist, wie einen Marktstand aufzubauen, wenn kein Markt stattfindet. Man zahlt Gebühren, aber es kommt keiner.

Das Fehlen sozialer Kontakte bedrückt mich, der Tod Kenzos bestürzt mich. Meine Projekte sind ins Wasser gefallen, das Geld ist knapp. Ich habe keine Lust mehr, Kleidung zu machen und fahre zu meinen Eltern ins Ruhrgebiet, weg aus Berlin. Aus Wochen werden Monate - Weihnachten, Neujahr und Valentinstag vergehen. Ich habe nichts getan, nichts geschafft. Die Arbeit fehlt mir. Ich fange an, aus Ästen Haarnadeln zu schnitzen und verbringe dabei Zeit mit meinem Vater in seiner Werkstatt. Es gibt Bier und Zigaretten.

Nach Berlin zurückgekehrt fehlt mir die Muße. Im Atelier setze ich zwei Nähte, die leider nicht zu meiner Zufriedenheit beitragen. Ich beginne zu lesen. Laotse, Konfuzius, Nuccio Ordine, Jordan Peterson, Yasmina Reza, 24 Noh-Stücke, drei Stücke von Samuel Beckett darunter „Warten auf Godot" und eine Biografie über Karl Lagerfeld, die ich zu Weihnachten geschenkt bekommen habe. Kurz darauf eine weitere - als Geburtstagsgeschenk. Ich bin nun Experte in Sachen Lagerfeld. Mittlerweile kann ich das koreanische Hangeul lesen - leider nicht verstehen.

Ich höre viel Musik, viel Klassik. Der Tod Pendereckis betrübt mich immer noch, doch entdecke ich dadurch Jonny Greenwood. Werke von Akira Ifukube und Takashi Yoshimatsu laufen in Dauerschleife und werden zwischendurch von Satie unterbrochen. Inspiriert setze ich mich ans Piano. Ich spiele kein Klavier - ich kann es gar nicht. Tonabfolgen, die mir gefallen, notiere ich wie Gitarrentabs in C-Dur - der einzigen Tonart, die ich lesen kann. Ein Computerprogramm korrigiert meine mühevollen Eintragungen in Noten. Mein erstes Opus, den ich „Seven Pieces for Piano and no Audience" genannt habe, scheint in Gis-Moll zu sein. Würde mir jemand ein Notenblatt meiner eigenen Kompositionen vorlegen, wüsste ich nicht, wie sie zu spielen wären.

Auf YouTube entdecke ich ein Interview mit Sir Simon Rattle. Das Symphonieorchester des Bayrischen Rundfunks spielt Haydn. Rattles Schlusssatz: „People will be back." Ein guter Satz. Ich fange wieder an, Kleidung zu machen.

Daniel Kujawa

geboren 1997 in Polen und aufgewachsen im Ruhrgebiet, arbeitet als Modedesigner für sein gleichnamiges Label in Berlin. Selbstverständnis und Zwischenmenschlichkeit sind wichtige Elemente seiner Philosophie und prägen mit locker fallenden, überweiten Formen und gedeckten Farben seinen Stil, den er selbst scherzhaft als „slow-avantgarde" bezeichnet. Daniel Kujawa würde gerne Tanztheater machen, kann aber nicht tanzen.

www.danielkujawa.com
www.instagram.com/dankujawa

Entschleunigung und eBay

Ich bin zum Glück finanziell nicht von Einbußen oder Kurzarbeit betroffen gewesen. Etwas überstürzt ging es vor gut einem Jahr ins Homeoffice. Ich habe allerdings kein Arbeitszimmer und arbeite daher im Wohnzimmer. Das war anfangs für mich etwas zwiespältig. Akten, juristische Kommentare, Remotezugang. Alles im Wohnzimmer, wobei ich sonst nie Arbeit mit nach Hause genommen habe, sondern eher länger im Büro geblieben bin.

Es war wie ein Fremdkörper, ein Arbeitstumor, der jetzt auch im Privaten wuchert – und es vielleicht überwuchert. So war die Befürchtung. Die Abgrenzung würde schwieriger werden.

Ich warf mich auch zu Hause in Schale. Kleider machen Leute und Gedanken und Disziplin. Die Überwucherung hielt ich – meistens – in Schach. Es gibt eine Arbeitsecke. Und es bleibt eine Ecke. Das Positive: Ich kann zwischendrin in der Pause einmal um den Block gehen. Ich sehe in den grünen Vorgarten mit dem Rhododendron. Als ich mich mit meinem Notebook ans Fenster setze, kommt die Sonne herum. Das alles hätte ich im Büro nicht. Thank God für Internet und Remotezugriff.

Dennoch arbeite ich nicht weniger oder weniger effektiv. Der Arbeitsweg fällt weg, und das sind schon zwei Stunden am Tag, die sich bemerkbar machen. Morgens etwas länger schlafen, und wenn ich mich zum Feierabend auslogge, bin ich gleich zu Hause ohne eine Stunde Weg. In Berlin dauert ja fast alles wenigstens 45 Minuten. Manchmal denke ich: Das wäre, als ob ich in meiner Heimat NRW von Bochum nach Düsseldorf ins Kino fahre.

Auch was Kontakte angeht, hat Corona nicht nur Nachteile. Einerseits sieht man zwar weniger Menschen „wirklich". Andererseits erleben Beziehungen zu alten Freunden im Rheinland eine neue Dimension mit virtuellen Meetings via Zoom, Jitsi etc. Auch virtuelle Geburtstagsständchen waren dabei und eine virtuelle Mitgliederversammlung des Schauspielhauses Bochum. Die 600 km von Berlin wäre ich sonst nicht gefahren, um teilnehmen zu können. Auch ein virtueller Toast hat seinen Charme. Zum Berliner Tolkien-Stammtisch schalten sich auch Gäste aus Göttingen oder Hannover und zuletzt sogar aus UK.

Ich kann gut mit mir allein sein. Gerade beim ersten Lockdown überwog das Gefühl der Entschleunigung. Die Straßen waren leer, und ich dachte: So soll es sein. So kann es bleiben. Man hört wieder die Vögel. Und ich hoffe, dass viele dieses Gefühl mitnehmen und bewahren wollen - nicht nur zurück zum alten Zustand, endlich weiter wie bisher, das alte Hamsterrad wieder anwerfen, sondern merken: Wir laufen uns selbst und unserer Natur mit der immer größeren Beschleunigung und Technisierung auch davon. Das Auto ist nicht das Maß aller Dinge, dem sich die Natur und die Natur des Menschen unterordnen muss. Alles mit Maßen statt in Massen. Die Dosis macht das Gift.

Dank der gewonnenen Zeit blieb auch mehr Zeit für Kreativität. Im Juni 2020 blickte ich mit einem ironischen Auge auf den Onlinehandel:

Jetzt in der Corona-Krise sind die meisten Geschäfte und die Einkaufszentren geschlossen. Was soll ich jetzt mit mir anfangen? Sie können mir doch nicht mein Einkaufserlebnis wegnehmen!

Zum Glück gibt es den Onlinehandel. eBay gibt mir alles. Ich kann stöbern und suchen und finde beinahe alles und beinahe alles günstiger als im Laden.

Die Postsendung zu verfolgen, gibt mir Spannung. Gestern habe ich online die Lieferung verfolgt und mich um 14:30 eingeloggt. Und da las ich: Ihre Sendung wurde um 14:16 Uhr zugestellt. Und tatsächlich stand sie vor der Tür. Ein kleines Wunder. Aber ich komme auch in Kontakt beispielsweise zum Briefträger. „Ab 18"-DVDs muss er mir persönlich übergeben trotz Corona.

Ich bin systemrelevant. Ich bestelle und bekomme Post. Also bewege ich etwas und weiß, dass ich noch lebe. Und wenn ich etwas gekauft habe, bewerte ich und werde positiv bewertet als guter Geschäftspartner und schneller Bezahler. Ich werde geliebt. Ich hinterlasse eine Spur, einen Bewertungs- und Konsumfußabdruck. Ich kaufe, also bin ich. Danke eBay.

Dr. David Stechern
Rechtsanwalt, https://www.recht-hat.de/

Was sich geändert hat!

Meine Frau und ich feiern seit langem unsere Geburtstage mit allen Freunden an dem Tag oder am folgenden Wochenende bei uns zu Hause. Nebenbei: Meine Frau ist eine vorzügliche Köchin, und sie kreiert an den Festen immer etwas Besonderes zur Freude aller TeilnehmerInnen.

Im Jahr 2020 – meine Frau hat im Februar und ich im April Geburtstag – musste das bereits geplante Fest Corona-bedingt kurzfristig ausfallen. Alles war bereits dafür vorbereitet, eingekauft, dekoriert etc. Die Zutaten, Materialien, wie Fleisch, wurden eingefroren, der Wein kam wieder in den Keller ins Regal. Dass unser liebgewordenes Ritual, ein bei allen gut angekommener Brauch, dieses Jahr ausfallen musste, gefiel uns gar nicht.

Also überlegten wir, wie wir aus der etwas traurigen Situation herauskommen konnten bzw. was für eine gute Alternative in der besonderen Zeit möglich wäre. Was konnten wir als Alternative machen? Wie könnte die Durchführung unter den geltenden Hygienevorschriften erfolgen? Fragen über Fragen! Kreativität war also gefragt.

Die Lösung: Wir warteten, bis es wetterbedingt etwas wärmer war und stellten auf der Terrasse einen zwei Meter langen Tisch auf, dekorierten das ganze Umfeld mit Lampions und stellten Kerzen und Lichter auf. Dann luden wir, unter dem Hinweis, bringt Euch wärmere Sachen wie Pullover mit,

immer jeweils zwei Personen, meistens Paare,
ein.

Über Kreuz, an beiden Kopfenden am Tisch,
wurden dann, damit wir hygienebedingt alle
Vorschriften einhielten, abstandsgemäß die
Personen platziert. Mit einem Rhythmus, der
über mehrere Wochen ging, haben wir alle 30
Freunde dann doch noch zur Feier eingeladen
und zur Freude aller erfolgreich durchgeführt.

Fazit: erst das Positive! Alle Teilnehmer stellten
fest und fanden es sehr angenehm, dass man
sich in den kleinen Runden viel besser, und
vor allen Dingen intensiver, unterhalten kann.
Man lernte sich noch tiefer kennen, obwohl
die Freundschaften seit Jahren bestehen. Die
Gespräche liefen auch persönlicher ab, man
könnte auch sagen, intimer. Man erfuhr großar-
tige Geschichten aus dem Leben der Einzelnen.
Alle waren gut zufrieden!

Was gab es sonst noch zu berichten? Da es also
fast 14 Einzelessen, statt eines Festes, hinter-
einander gab, stellten wir danach fest, dass das
gute Essen bei uns beiden angesetzt hatte und
wir eine Menge an Gewicht zugenommen haben.
Durch gezielte, reduzierte Essensmengen und
intensive Bewegungs-Konzepte wurde dieser
Zustand dann wieder normalisiert.

Wir hatten noch ungefähr vier bis fünf Feiern vor uns und merkten auf einmal, dass die
Zutaten, wie zum Beispiel das Fleisch, nicht
mehr reichten. Was war passiert? Hatten wir

uns verzählt? Oder zu wenig Fleisch bestellt? Was war die Ursache?

An was wir erst gar nicht gedacht hatten bzw. durch die neue Organisation völlig untergegen war, dass ja die Zutaten nicht mehr reichen konnten. Denn bei dem normalerweise durchgeführten Ablauf, hatten wir - meine Frau und ich - ja nur einmal mitgegessen. Jetzt waren es zig-mal. Die vorher eingekauften Zutaten reichten somit in der Menge nicht mehr aus, und wir mussten sie ergänzen. Wunderbar, es gab wieder mal etwas anderes, nicht nur immer das Gleiche: Hirschbraten, selbst eingemachter Rotkohl etc.

In Jahre 2021 waren die Vorschriften noch strenger: nur eine Person aus einem fremden Haushalt durfte dabei sein. Also telefonierten wir alle ab und verabredeten uns, dass im Hochsommer oder Frühherbst alle Geburtstage zusammen nachgefeiert werden. Vielleicht auf irgendeiner Wiese mit großem Zelt, Musik, mal sehen!

Gefreut haben wir uns, dass trotzdem an den Geburtstagen viele Freunde mit Maske und genügend Abstand schon morgens vor der Tür standen, klingelten und ihre besonderen Wünsche übermittelten. Kleine Präsente inklusive!

Eine schöne Geste. Wir haben uns sehr gefreut, dass sie daran gedacht haben. Und dass gerade in der besonderen Zeit Freund- und Bekanntschaften, d.h. soziale Kontakte, besonders wichtig sind, die man generell immer pflegen sollte. Diese hatten bei uns schon vorher einen hohen Stellenwert, jetzt aber besonders! Soziale Kontakte sind halt so wichtig, wie Sport und Ernährung, einfach die „Schmiere" für unsere Psyche, für die Seele, für das ganze Leben.

Und für die, die Freundschaften noch nicht so hoch einschätzen, kommt hier der Beweis: Viele Forschungsrichtungen bestätigen, was wir längst schon wissen: Freundschaften machen glücklich – und gesund.

Der Soziologe Nicolas Christakis hält den Einfluss von sozialen Kontakten sogar noch für unterschätzt. Ob wir übergewichtig sind, Depressionen entwickeln, Rückenschmerzen bekommen oder Drogen nehmen, hängt seiner Meinung nach vor allem von unseren Freunden ab. Glück, Lebensfreude und Gesundheit sind ansteckend, sagt er. Das bestätigen ebenfalls viele andere Forscher.

Der Altersforscher Thomas Glass fand zum Beispiel heraus, dass Freunde das Leben von Senioren verlängern können. Die untersuchten Personen lebten ab dem 65. Lebensjahr um bis zu einem Drittel länger, wenn sie enge Freunde hatten.

Die gute Nachricht: Um Freundschaften zu schließen, ist es nie zu spät, bei den heutigen technischen Möglichkeiten schon gar nicht. Man muss es nur wollen.

Also bleiben wir mit viel Zuversicht und viel Kraft, gerade in der besonderen Zeit, aktiv an dem Thema dran, auch nach der „Beendigung der Pandemie".

Viel Erfolg dabei!

Hubertus A. Jonas

„Ich bin Trainer, Coach, Moderator, Mediator und Unternehmensberater im (Un-)Ruhestand. Menschen in Veränderungsprozessen zu begleiten, zu fördern, sowohl im privaten, im beruflichen, als auch im professionellen Bereich, ist ein wesentlicher Schwerpunkt meiner persönlichen Einstellung und Arbeit. Im Mittelpunkt steht für mich daher immer das Erleben und Verhalten von Menschen im privaten, wirtschaftlichen und unternehmerischen Kontext. Aus meiner 30-jährigen Beratertätigkeit sowie dem individuellen Coaching/Mediation, entstand die Auseinandersetzung mit dem Erbprozess, d.h., mit den komplexen Inhalten: Konfliktfrei vererben, schenken und stiften! Über dieses Thema habe ich, mit meinem Sohn Kai, der Professor für Sozialpsychologie an der Universität Maastricht NL, ist, ein Buch geschrieben: Konfliktfrei vererben, ein Ratgeber für eine verantwortungsbewusste Erbgestaltung. Ein weiterer Schwerpunkt ist das Thema: Ruhestand gestalten und genießen! – hier sehe ich ein Vielzahl von Chancen und Möglichkeiten nach dem Berufsleben, dem interessanten 3. Lebensabschnitt."

http://www.jonasundjonas.de

Querdenken? Einfach
anders denken…

Ich habe immer „quergedacht". Als „anständiger" Mensch, der fast ein Vierteljahrhundert in einem kommunistischen Land großgeworden ist, habe ich keine Alternative gehabt. Ich habe keine Verpflichtungserklärung zum Spitzeln unterschrieben, was „förderlich" für meine Karriere und mein Leben gewesen wäre; bin in die Kirche gegangen, als alle anderen Angst davor hatten; habe einen Deutschen kirchlich(!) geheiratet.

An der Uni habe ich viele Witze erzählt, mit Vorliebe die politischen. Sie vermuten es vielleicht: Jetzt geht es um die Impfung. Ja, ich bin gegen sie, möchte aber gleich feststellen: Ich lasse mich nicht in die Schublade der „Querdenker" schieben. Das Wort ist heute negativ belegt.

Ich gehe nicht zu Demonstrationen, mache keine Bambule. Seit frühester Kindheit bin ich „Multikulti", tolerant erzogen und in einem Haus im Zentrum von Sofia großgeworden, in dem immer gesungen und gefeiert wurde – eine Armenierin, eine Türkin und eine Jüdin waren die Freundinnen meiner Mutter. Deswegen verstehe ich nicht den enormen Druck von Freunden, von Bekannten und von meiner eigenen Familie, denn ich werde jedes Mal als Außerirdische angesehen, wenn ich sage: „Okay, ihr wollt euch impfen, ich nicht!" Wo bleibt denn da die Toleranz der anderen?

Ich spreche den Namen des Virus nicht aus. Kein einziges Mal! Ja, es gibt ihn, und ich habe Respekt vor ihm. Mein Sohn, als Lehrer – schnelle Beute – hat sich Weihnachten 2020 infiziert. Nur ich allein weiß, was ich in dieser Zeit erlebt habe. Gott sei Dank ist es glimpflich ausgegangen und seine Familie wurde verschont! Am Ostersonntag 2021 ist mein geliebter Cousin Alexander an und mit dem Virus gestorben... Er konnte seine erste Enkelin nicht sehen... Es tut verdammt weh. Wie ein Geist läuft der unberechenbare Virus durch die Welt und agiert ohne jede Logik. Die Politiker sind machtlos.

Wenn die Angelegenheit nicht so traurig wäre, könnte man sich über manch eine ihrer Entscheidungen totlachen. Wir alle sind verunsichert und leiden unter dieser Pandemie. Man hat unser Leben gestohlen. Ob irgendwann wieder alles zurückkommt, die „guten alten Zeiten"? Wie bringt man den kleinen Kindern die Umarmung, die Berührung wieder bei, nachdem sie jahrelang hören mussten: „Abstand halten!" Omas Gutenachtgeschichten via Skype hören?

Die Familienfeste haben wir, soweit die Witterungsverhältnisse es erlaubt haben, mit einem großen Picknickkorb immer am Spielplatz in unseren Hof gefeiert. Nach einem Lockdown und der gefolgten Lockerung hatte ich das Glück, meinen Geburtstag 2020 im Garten des lokalen Steakhauses zu feiern... mit einer riesengroßen Blumenkiste aus Beton zwischen unseren Tischen und mit drei

Haushalten. Distanz gehalten, akribisch Namen, Adressen, Telefonnummern, Uhrzeit notiert... Die Entfremdung tut weh. Ich spüre diese enorme psychische Belastung als einen körperlichen Schmerz.

Diese Tage ging es mir sehr schlecht, ich bin kraftlos rumgekrochen, bekam keine Luft, mein Herz drohte zu zerspringen, sodass ich dachte, ich stehe kurz vor einem Herzinfarkt. Der Kardiologe hat zum Glück nichts Beunruhigendes festgestellt. „Physisch gesund". Medikation: Spazierengehen an der frischen Luft. Würde das mein Leiden mindern? Wo bleiben die Kontakte, die Freunde, die Menschen, der Austausch, das Leben? Max Raabes „Kein Schwein ruft mich an" habe ich neulich an ein paar liebe Menschen gesendet und fand manch eine Reaktion sehr befremdlich... Dabei schreit mein Herz nach Kommunikation. Soll nicht Aristoteles gesagt haben, „Der Mensch ist ein soziales Wesen"?

Meine Bilanz: Die Ereignisse im Jahr der Pandemie waren, was die Emotionen anbetraf, ganz unterschiedlicher Natur. Unsere Wintersportreise und die Reise nach Florida sind ins Wasser gefallen. Dasselbe Schicksal hatte eine organisierte und terminierte Ausstellung in der Galerie Artur. Ich war fix und fertig!

Aber wie heißt es so schön – das Leben geht weiter. Wir haben gestern unsere Reise nach Bulgarien gebucht. Wie jedes Jahr bleiben wir den ganzen langen kurzen Sommer dort. Unser Häuschen ist klein. Die Terrasse ist groß. Das Meer spiegelt

den blauen Himmel. Die Feigen... Die Mandeln...
Die Maulbeerbäume... Die Bienen schwirren, die
Grillen zirpen. Der Igel tapst wie ein alter Mann.

Wir freuen uns jetzt schon auf unsere schönen
Abende mit Freunden! In Varna gibt es, nebst
unseren bulgarischen Freunden, eine kleine, il-
lustre, deutschsprachige Gruppe, deren Teil auch
wir sind. Wir werden erwartet. Ist das nicht ein
schönes Gefühl? Auch etwas anderes erwartet
mich – Interviews! Ich habe nämlich ein Buch,
einen alten Text („Zwischen den Welten"), der
lange in einer Schublade lag, im Januar veröffentlicht. Ich freue mich so sehr! Obwohl meine beiden
Kinder Bulgarisch beherrschen, sagte mir mein
Sohn, er wird mein Buch erst lesen, wenn es in
fünfzehn Sprachen übersetzt wird. Nun habe ich
mich rangemacht und arbeite an der deutschen
Übersetzung. Mein nächstes Projekt ist ein Sam-
melband „Gute-Nacht-Geschichten" für Frauen
auf Deutsch. Zum Schmunzeln, zum Lachen, zum
Weinen... Und wieder Malen!

Ich bin unendlich dankbar. Das Leben ist groß-
artig!

PS: Ach, ja, neulich ist die „Einladung" zum
Impfen mit den dazugehörigen Papieren ins Haus
geflattert. Es scheint alles gut organisiert zu sein.
Auch der Transport mit Taxi. Dann kamen neue,
„aktuelle" Formulare mit der Post. Mein Mann
freut sich. Was mache ich? Um nicht zu explodieren
und meinen Kopf zu lüften, gehe ich täglich zwei
Stunden spazieren.

Es stellt sich die Frage: Werde ich in das Taxi
einsteigen?
Orthodoxe Ostern 2021

Paraskeva Nikoltscheva-Mau
Philologin, Journalistin, Künstlerin

Meine Corona-Geschichte

April 2020. Die Friedhöfe in Berlin sind geschlossen. Ihr Vater versuchte, über die Mauer zu klettern. Er kennt jemanden, der am Friedhof wohnt. Mit einer kleinen Leiter geht das.

Die Berlinerin liebt Parks, Spielplätze, Friedhöfe. Wenn der Senat ihr zwei davon wegnimmt, pilgert sie halt, ganz pragmatisch, zum dritten. Und Hunde liebt sie auch. Die Sonne treibt sie aus ihren Schuhkartons ins Freie. Muttis und Vatis picknicken mit ihrer Brut ganz unverkrampft neben Gräbern, macht man in Mexiko ja auch so. Der Friedhof wird zum Hundeauslauf, zum Außenklo, zur Partystätte, zum Bolzplatz. Schämt euch!

Die Friedhofsverwaltung zog die Notbremse, machte alles zu.

Es zerreißt mir das Herz. Wer stellt ihr nun abendlich ein Licht aufs Grab?

Die Nebelkrähen und Eichhörnchen erobern ihr Reich zurück. Auf der Suche nach Nahrung und Materialien für ihre Nester und ähnlichem verwandeln sie den Friedhof in ein Schlachtfeld aus Plastikblumen, zerzausten Gestecken, entwurzelten Frühjahrsblühern, Schnickschnack der Angehörigen … ohne Rücksicht auf Ästhetik. Eigentlich ein cooles Bild: zurück zur Natur. Für mich unerträglich. Sie soll doch ein schönes Grab haben, in Weiß und Rosa, weich und zart, etwas Glitzer drauf.

Drei Tage dauerte der Spuk, dann folgte eine stundenweise Öffnung, dann wieder eine vollständige. Zu viele Angehörige hatten sich beschwert. Nun musste ich wieder die Families ertragen, die lustig quatschenden Pärchen...

Ich kam mir so fehl am Platze vor, als müsste ich mich gleich dafür rechtfertigen, dass ich trauere. Die Bank unter der Birke war auch ständig besetzt. Ein schönes Plätzchen zum Sinnieren und Meditieren. Mit einer Ausnahme gingen die Leute dann auch, mir schüchtern zulächelnd, nickend. Ein älterer Herr blieb stur sitzen, las in einem Buch. Ab und an schaute er zu mir. Null Anteilnahme. Ich hasste ihn für seine Arroganz und fühlte mich wie ein Depp.

Ja, das hier ist ein Friedhof, ich weiß, aber …

Diese drei Tage Schockzustand bei mir verfestigten sich zu einer Depression und machten meine Parallelwelten, in denen ich seit Januar abwechselnd verweilte, immer deutlicher, auch schmerzhafter.

Was ist real?

Was ist Corona?

Für Corona war kein Platz in meinen Welten, auch nicht für den Weltfrieden oder den Klimaschutz. Ich musste erst mal meinen Platz finden, ihn suchen. Tue ich noch immer.

Der plötzliche Tod meiner Tochter hat mich wachgerüttelt, mein Herz geöffnet. So wie vielleicht Corona die Welt wachrüttelt: Was ist wichtig? Was hat Sinn?

Für mich.

Für mein Umfeld.

Bin ich erwachsen genug, einen Beitrag für das Gemeinwohl zu leisten?

Ehrlichkeit, Vertrauen, Verantwortung.

Ein Spruch steht an meiner Wand: FANG AN!

Danke fürs Zuhören.

Pola.

Covid. Im Hasenberg.
(Auszug aus Fade 8)

Menschen werden zu Hexen – Fröschen – Kröten. Und alles in der Welt.

Der Hasenberg war vor langer Zeit ein Intellektuellentreff. Die Intellektuellen gingen dort gepflegt spazieren. Ihre Häuser lagen an der Hasenbergsteige. Oder auch etwas tiefer in der Stadt. Dann gingen sie die Hasenbergsteige herauf. Auch heute mischt es sich dort. Einige von ihnen wohnen in einer der teuersten Gegenden Stuttgarts, in der Hasenbergsteige. Immer noch. Manch einer bewohnt 21 Zimmer, von denen 19 leer stehen. Ein anderer fünf, von denen drei leer stehen. Andere kommen heute von unten aus der Stadt und leben verarmt bei ihrer Mutter, denn der Wohnraum in Stuttgart ist knapp. Das weiß jeder.

Und es gibt andere Gründe und Abgründe. Der Wald ist noch da, auch wenn schon viele der Bäume von den Borkenkäfern zerfressen werden, da sie nicht genug Wasser bekommen. Früher ertranken die Käfer im Wasser, das der Baum nach oben zog. Heute gibt es nicht mehr genug davon. Doch noch ist er da, während all die anderen Erholungsorte verschlossen sind.

Das Mädchen geht schon sehr lange dort spazieren. Jahrelang. Und meistens für sich. Oder mit ihrem Sohn. Oft gehen sie meditativ, ohne viele Worte, zum Entspannen, Auftanken oder Performen. Sie allein. Sie liebt die Bäume dort.

Und auf eine gewisse Art ist sie ja auch intellektuell. Und lange Zeit war sie auch sehr zufrieden mit ihrem Job. Traf ab und an den einen oder anderen im Wald auf einen Small Talk. Mit oder ohne Hund. Bis die alten Frauen ihr in die Quere kamen.

Die eine alte Frau sprach sie immer wieder an. Aber das Mädchen reagierte nicht. Doch da diese alte Frau mit Hund niemals aufgab und immer freundlich blieb, ging sie dann, nach einiger Zeit, ab und an mit ihr ein Stück spazieren. Das reichte der alten Frau.

Dann ging die alte Frau für vier Wochen nach Sylt. Und sie gab dummerweise ihre Telefonnummer weiter. Da war dann jemand, den das Mädchen anrief. Und sie, warum auch immer, legte nicht auf. Ging dann, weil es die Freundin der alten Frau war, in dieser einsamen Zeit für sie ab und an mit ihr ein Stück spazieren. Und dann verwickelte sie sich. Oder ließ sich verwickeln. Nun auch im Wald.

Ihr Job ging verloren. Die Verwicklung ging voran.

Sie wollte weiterhin auch ganz alleine durch den Wald gehen. Sie braucht ihn. Für sich. Zum Erholen. Zum Atmen. Zum Performen. Und der Hasenbergwald ist ihr Lieblingswald.

Einmal, da fleht sie die alte Millionärin, wie sie sie für sich manchmal nennt, an: ob sie denn wenigstens mit ihrem Hund hinter ihr her gehen könnte. In einiger Entfernung. Sie hatte bereits ein paar Worte mit ihr gewechselt. Nein. Sie möchte allein gehen. Und tut sie dieser alten Frau nun leid? Das hatte ihr später die Freundin erzählt. Die nun auch gern mit ihr spazieren geht. Und ja. Ihre Situation war sehr verzwickt zu der Zeit. Und war es immer noch. Und sie ging ja auch manches Mal mit den beiden spazieren. Doch leidtun? Nein. Das möchte sie niemandem. Niemand möchte jemandem leidtun. Ihre Situation. Ja. Die könnte einem schon manchmal leidtun. Ihr Job ist verloren. Doch vielleicht ist es auch gut so. Eine Challenge eben. Und manches Mal hatte es ihr auch gutgetan, ein paar Schritte mit den beiden zu gehen.

Das Mädchen schläft schlecht. Das alte und das neue Problem. Seit Covid wird es wieder schlimmer. Kein Zen, kein Fitnessstudio. Die Waldspaziergänger sind auf Kontaktsuche. Und seit ihr Sohn in Quarantäne war ... ist es nach einer zwischenzeitlichen Besserung wieder schlimmer geworden. Doch sie hat diesen Sohn, sie liebt ihn. Und er ist es auch, der ihr die Wutanfälle verzeiht. Er ist es allerdings auch, der sie auslöst. Oder eher: bei dem sie sich traut, diese Wut zu spüren. Ohne Verzögerung. Trennen. Alte Wut und neue Wut. Und: Es ist ja auch nicht einfach, zehn Tage in Quarantäne zuhause zu sein. Unten in der Stadt. Das weiß sie.

Es sind Wutanfälle aus ihrer Kindheit. Wahrscheinlich ist es auch die Wut, die ihr Leben gegen die Wand fahren lassen oder einfach die Energie aufgezehrt hat. Doch das ist komplexer. Auch gesellschaftlicher. In Vorgeschichten gefasst. In jedem Fall hat Covid einiges dazu beigetragen. Die Situation verschärft. Zunächst. Und dann ist Covid zur Welle geworden, auf der das Mädchen nun versucht zu surfen. Herauszusurfen. Aus der Vergangenheit. Aus dem Job. Auch der passte nicht mehr. Vielleicht zu anderen Ufern surfen. Irgendwie. Doch sie verwickelt sich immer wieder und das macht die Schlaflosigkeit nicht besser.

Und nun gibt es dazu auch noch das Schattenmädchen. Oder das Schattenmädchen. Aufgetaucht plötzlich aus einer anderen Zeit, die verschlossen war. Das Mädchen, das einst unter dem Tisch saß und dorthin immer nur unflätige Ausdrücke mit Kreide schrieb. Schwein. Arschloch. Dreck. Mehr und mehr Kreide übereinander, sodass die ganze Kreide irgendwann auf sie herabrieselte. Man ließ sie dort sitzen und diese fucking Dinge auskotzen. Wenigstens. Na ja. Sie hat all das irgendwie überlebt und tief in ihrer Seele wegschließen können.

Manchmal konnte das Schattenmädchen nicht einmal auf Toilette gehen. Das Klo war mitten in der Wohnung und wenn ihre Brüder Freunde zu Besuch hatten, lachten diese über sie, wenn sie pinkelte. Es gab nur eine Falttür vor dem Klo, um Platz zu sparen. Jeder muss pinkeln. Manchmal wartete sie, bis die Freunde weg waren.

Oder sie aß auf dem Klo ihr Essen weiter, wenn die Brüder es ihr wieder madig gemacht oder sie einfach nur furchtbar geärgert hatten. Dann ging sie ins Klo und machte die Tür zu. Später ging sie oft ins Wohnzimmer. Warum wurden sie nie gestraft? So kam es ihr zumindest vor. Sie machten einfach, was sie wollten. Und dennoch liebte sie ihre Brüder. Sie waren auch ihre Helden. Sie waren groß. Sie konnten ja schon alles. Und immer waren sie natürlich auch nicht so gemein zu ihr.

Aber oft. Ja. Oft waren sie gemein.

Heute malt das Mädchen wunderbare Bilder. Zumindest ihr gefallen sie. Deshalb. Wunderbar. Und einigen anderen gefallen sie auch. Und sie tanzt und springt auch manches Mal der Sonne entgegen. Damals tanzte sie ja auch schon. Im rosa Tütü. Und bekam sogar rosa Spitzenschuhe.

Doch genau danach mussten sie in die große Stadt umziehen. Wegen ihrer Brüder. Die Nachbarn sprachen nicht mehr mit der Mutter, und sie schaffte es nicht mehr, dorthin zu fahren. An den Ort, wo man tanzen konnte. Eine Stunde durch die Stadt zu fahren, das war zu weit. Eine furchtbare Strecke. Aus dem Ghetto dorthin. So oft umsteigen an den großen, hässlichen Bahnhöfen.

Später, da fing sie wieder an. Zu tanzen. Sie war begabt. Jahre später. Und im Job war es ja auch das, was sie erfüllte. Ihre Choreografien. Ihre Ideen. Ihr Tanz. Ihr Stil. Immer hatte sie genug Kraft gehabt. Sie hatte ihre Arbeit geliebt. Ihre Schülerinnen und Schüler geliebt. Ihre Ideen. Eingewoben in ein

Ganzes von ihr. Und immer hatte der alte Direktor ihr zu ihrem Erfolg gratuliert. Bis der andere Direktor kam. Der neue Direktor. Der Hexer, wie ihr Sohn ihn nannte. Da wurde anderes wichtiger. Da sollte sie nach seiner Pfeife tanzen und tanzen lassen. Das ging eben nicht. So konnten ihre Stücke ihre Unantastbarkeit nicht mehr haben, die sie ihnen verliehen hatte. Sie wünschte, dass ihre Schülerinnen und Schüler sich auf der Bühne wohl fühlten. Das wäre nicht mehr möglich. Ihr würde der Schutz genommen, den sie ihnen geben wollte. Dafür mussten einige auch umgestellt werden, die das nicht wollten. Und genau die wollte der Direktor stärken.

Und auch die Kraft ließ zu sehr nach bei all diesen Konflikten. Sie fand in der Arbeit ihre Balance nicht mehr. Auch auf anderen Feldern nicht. Der Schlaf wurde labil. Ihre Knie schmerzten oft. Das war kurz vor Covid, als die alte Königin starb.

Sie kann heute wieder tanzen. Manches Mal nur für sich. Im Wald. Doch der Schlaf, er bleibt desolat schlecht auch nach all dem erlebten Dreck. Nun sind da wieder die alten Frauen, inzwischen zu hässlichen Kröten mutiert.

Die eine hässliche Kröte findet sich selbst wunderschön und hat Angst vor Überfällen. Als junges Mädchen scheint etwas passiert zu sein? Nein, das erzählt die Kröte nicht. Sie merkt auch gar nicht, dass sie mittlerweile verzaubert ist. In eine hässliche Kröte. Die andere Kröte merkt das auch nicht. Sie lebt in ihrem grünen Bild, das sie niemandem zeigt. So ist sie im Grunde kaum anwesend. Sie scheint manchmal hindurch. Im Wald. Denn der ist ja grün. Und manchmal erzählte das Mädchen ja auch gerne etwas. Oder hört ihnen zu. Doch ausgefragt wird sie auch nicht gern.

Diese an sich gebildeten Frauen sind nun hässliche Kröten geworden, die sich durch ihre Soaps am Leben halten und aufblähen. Doch sie bleiben trotzdem hässlich und klein. Sie denken, sie wären noch große, stattliche Frauen. Doch ihre Hexensprüche bekommen sie durcheinander. Und anderes wollen sie nicht tun als zu hexen. Doch als Kröten können sie es nicht mehr. Und das wundert sie natürlich.

Zen. Yoga. Fitness. Alles, was ihr guttut, ist geschlossen. Zen hatte geholfen. Sauna hatte geholfen. Am Abend. Doch Covid nahm auch ihr fort, was ihr half. Der Wald. Er blieb dort, wo er war, jedoch bevölkerter denn je. Außer bei Regen. Und es gibt dort nun die beiden Waldhexen oder jetzt Kröten, je nachdem. Und andere, mutierte Menschenwesen. Auf der Suche.

Die Gewitterhexe ist sehr verbiestert. Ihr Verstand tyrannisiert sie, weil nicht mehr richtig hexen kann mit all ihren Problemen und schlechten Hexereien. Sie kann sich die guten Formeln nicht mehr merken. Leere Phrasen sind es nun. Covid hat das Zen verschluckt. Das Studio ist fort von der Welt. Die Menschen dort wie weggehext, Inzwischen seit Monaten.

Und: Der Verstand gewinnt die Oberhand im ganzen Land. Nicht nur bei den Hexen. Das Mädchen möchte sich nicht mit den Gruppen digital vernetzen. Zoom. Dort ist auch Zen. Doch das tut ihr nicht gut. Sie weiß nicht warum. Sie wartet. Bis die Menschen wieder dort meditieren gehen, wo auch ihr schwarzer Kimono hängt. Handgenäht. Schützend. Wundervoll raschelnd beim Gehen.

Bis dahin heißt es also, in den Wald zu gehen und an den Hexen vorbeizukommen. Es sind ja nunmehr kleine Kröten. Oder nur ein paar Worte mit ihnen reden, wenn sie sie trifft. Ein paar Worte... So, wie man mit ein paar Kröten eben spricht.

Die eine Kröte war Rechtsanwältin. Sie liebe es, mit formellen Hexensprüchen und Wünschen, andere zu beglücken. Doch das Mädchen mag diese Sprüche nicht. Formeln sind das, hinter denen sie sich gern versteckt. Doch dazu hat das Mädchen gar keine Lust. Und Kröten... komisch. Kröten mit Formeln. Und verbiestert ist sie auch. Einfach nicht mehr nett auch zu ihr. Will ihr vorschreiben, wie sie zu reden hat. Nein! Sie spricht so, wie sie möchte. Wenn es ihnen nicht passt. Warum wollen sie dann eigentlich das Mädchen sehen? Nein. So etwas kann sie nicht verstehen. Erst ihr hinterherlaufen, um sich dann zu beschweren, wie sie ist.

Und der Frosch, der dort nun rumhüpft und laut quakt und vor ihr herhüpft... nein. Ist kein Prinz geworden. Zumindest ist der Wolf momentan nicht da. Eine Erleichterung. Und sie kennt ja auch noch andere Wälder. Doch soll sie ihren Lieblingswald verlassen?

Das Mädchen möchte im „hier und jetzt" leben. Arbeiten. Mit all dem, was da ist. In ihr. Um sich herum. In ihrem Leben. Wovon ja nun einiges eben nicht mehr da ist. Und anderes nur in weiter Ferne. Vor allem das Wasser. Am Wasser, da sind die Menschen auch anders, denkt sie manchmal. Sie kommt ja von weit her.

Und Schlaf. Den wünscht sie sich vor allem. Sie ist erschöpft von ihrer ganzen Arbeit. Vor Covid.

Und irgendwie lernen, mit all diesen verhexten Tieren im Wald umzugehen, sie quaken lassen, so laut sie wollen. Die Kröten sein lassen, wie sie wollen. Sie können tun, was sie wollen. Sie anrufen. Oder auch nicht. Sie braucht sie im Kontakt nicht zu spiegeln. Dann würde sie ja auch eine Kröte werden. Und vielleicht wird sie es ja auch eines Tages. Hässlich und auch eine Kröte. Doch noch. Also sucht sie einen anderen Weg, einen Ausweg aus diesem Dilemma. Samsara. Und ein Frosch werden möchte sie auch nicht. Soweit darf es nicht gehen. Nicht in Resonanz gehen mit diesen Tieren dort. Sie sind verlogen. Daher Hexen. Oder Kröten. Mal so und mal so.

Und sie: Sie möchte gerade vorbeikommen an ihnen und an Covid. An all dem, was ihr Leben versperrt. Was ihr Leben mit den Menschen in Gemeinschaft einfach zugesperrt hat. Sie hätte weiterarbeiten können, doch das schaffte sie ja so nicht mehr. Und anders... vielleicht auch nicht mehr. Die Welle also nutzen. In eine andere Welt nach Covid. Voller Glitzer. Mal rosa. Mal blau. Voller bunter Blumen am Wegesrand. Sie liebt die Blumen und Bäume. Jeder Baum hat eine andere Gestalt. Geduldig. Kräftig. Viele von ihnen. Noch. Auch sie haben ja gelitten. Einige sind von Borkenkäfern zerfressen. Doch nicht alle. Noch sind sie da, die Bäume. Ihre Freunde.

Ja. Es wird ein Danach geben. Sagt ihr Sohn auch. Bis dahin überstehen. Hier. Mit Maske. Bis dahin. Bis wieder zu menschlichen und echten Kontakten. Und bis dahin vielleicht wieder sich so stärken, dass sie noch eine Weile einen Job durchhalten wird. Einen anderen. Nach Covid. An anderen Orten, wo Wasser ist. Dort sind andere Menschen zu finden, die Begegnungen wünschen. Ohne Verwicklungen. Freiheit suchen. Wie sie. Echtheit. Und keine Fassaden oder Hexensprüche, die die Welt in ihrem Sinn verändern sollen. Die Welt lassen. Loslassen. Jeden Moment wieder.

Und da sieht das Mädchen ja auch eben noch das Schattenmädchen unter dem Tisch sitzen, berieselt von all der bunten Kreide, mit der sie geschrieben und. gewütet hat. Das Mädchen führt sie nach draußen, weg von diesem Ort in den Wald. Und dort verreiben beide zusammen überall die Kreide. Auf ihrem Körper, ihrer Kleidung, überall, bis sie ganz bunt ist. Und dann tanzen und drehen sie sich mit den Bäumen. Jeder Baum für sich hat eine andere Gestalt. Jeder Baum für sich eine andere Umarmung. Sie sind fest und stark. Auch das Schattenmädchen liebt die Bäume. Und die Vögel. So ziehen sie durch den Wald. Stufenweise.

Manchmal spüren sie den Engel. Manchmal den Hund, der ihnen folgt. Manchmal sehen sie die kleinen Lichter, die den Weg nun für sie ausleuchten. Sie haben gebetet für sie. Jeden Morgen. Jeden Abend. Ähnlich wie die kleinen Irrlichter.

Doch auf dem Weg sitzt wieder eine dieser hässlichen Kröten. Sie ist hinterhergekommen und wartet in einiger Entfernung. Schon wieder auf sie. Vielleicht hat sie eine Abkürzung gefunden, um dann hinterherzukommen. Die andere Kröte ist umgekehrt, dahin zurück, woher sie kam.

So schauen die beiden nun nach einem Weg vorbei an dieser hässlichen Kröte. Sie scheint schon wieder riesig groß zu sein, sodass beide sich anschauen und eine andere Abbiegung nehmen. Auch dort wird es weitergehen. Ein anderer Wald. Vielleicht bis in eine andere Zeit, bis es sich in diesem Wald wieder beruhigt hat.

„Je t'aimais avant que tu sois né. Je t'aime. Et je t'aimerai toujours; jusqu'à la fin des temps". Sagt eine Mutter zu ihrem Kind (zitiert aus „le très bas" von Christian Bobin). Kinder loslassen. Weiblich oder männlich. Hier auf der Erde. Ihre Seele: Ganz und heilig. Schon immer. Auf der Erde auch. Echte Liebe lässt frei. Lässt los. Kein einfaches Projekt.

Wohin gehen wir? C'est la question „desespérante"; wie Bobin sie nennt. Und es ist nicht einfach, wenn nicht unmöglich an sich, eine Antwort darauf zu finden. Doch immer zum Licht. Das Mädchen sah es schon.

Aus Liebe blieb sie hier. Wolken am Himmel. Die Weite in der Ferne und Schnee auf den Gipfeln. Ein weiter Moment. Die Mutter und ihre Liebe anwesend. Kurz wie ein Windhauch. Sie spüren ihre Weite, ihre Liebe. Wiederfinden in sich. Den Berg in sich spüren. Ein Berg mit weißem Schnee. Vielleicht der Kailesh. Schneeweiß sein Gipfel. Unbezwingbar. So hoch und so geschützt.

Mit oder ohne Corona. In Gemeinschaft oder nicht. Der Weg bricht in jedem Fall auf in das Licht. Und manchmal glitzert es schon auf der Erde. Rosa. Licht. Hell. Zauberschön, wie ihre Freundin sagt. Sie hat es gelesen. Jemand hat es an eine Wand geschrieben. Zauberschön.

Und dann ging das Mädchen einfach weiter dem Engel hinterher, sie folgte ihm. Bis an einen wunderbaren Ort, an einen See voller kleiner Segelschiffe. Eines hatte ein Segel, halb weiß und halb schwarz. Das gefiel ihr. Dort traf sie sehr nette und zugewandte Menschen, die es liebten, auf das Wasser zu schauen. Und sie konnte eine kleine Weile dortbleiben. Trotz Corona fanden sie am Ende einer kleinen Suche, etwas abseits von diesem Ort, eine Möglichkeit zu bleiben. Für eine Nacht.

Und als sie zurückkam; vermied sie nun den dunklen und verwunschenen Ort der Hexen und verzauberten Tiere. Erstmal.

Sie fand einen anderen. Viel lichter und weiter. Auch in der Nähe eines Sees. Etwas abseits davon.

Und dort war auch wieder viel Glitzer zu finden. Glitzer in der Luft. Glitzer, der wie Schnee auf die

Blumen fiel und ihnen zauberhaften Glanz verlieh. Zartrosa. Manchmal himmelblau. Er wurde ihr geschickt. An die Orte, wohin sie ging. Von einer lichten Fee.

Und in der Meditation fand sie den Kailesh wieder, die Jai-Mönche. Teilweise Lichterwesen, die einen in die Welt geschickt hatten mit ihrem Wissen, damit er es weitergäbe, um ihre Weisheit zu übermitteln. Der Engel fand auch sie. Samarpan. Hingabe.

Zauberglanz und Zauberschnee. Weißer Schnee. Die Worte zu Eis gefrieren lassen. Und das aus weiter Entfernung und in der Covidzeit. Thank you. Who send it to me?

Love. Son. And her sun son. Er fordert sie heraus. Doch nie hört er mit aller Kraft auf, sie zu lieben.

And: she felt not alone. Die Mönche waren da. Die Lichterwesen. Oben in den Bergen. Und auch die Freundinnen und Freunde, mit denen sie teilen konnte. In der Welt. Schon. In den großen Städten, wo es Wasser gibt. Sie sehen die, auf die das Licht des Engels fiel. Liebevoll. Frei. Und doch treu. So wie es passt. Der Engel. Er geht voran. Wieder. Und stellt die kleinen Lichter auf. Sie leben nicht in den Wäldern hier. Dafür ist dort Stille. Nun wieder. Und die zauberglitzerfarbenen Blumen.

Die Mönche sagen: sich dort stabilisieren, wo man steht. Balance dort finden. Dort warten, bis die Energie, die nach unten zieht, weniger stark ist als die Energie, die langsam und stetig, noch langsamer nach oben führt. Nach unten geht es schnell. Zu gehen. Und zu fallen. Stückweise. Nach oben. Langsam. In Geduld. Schritt für Schritt.

Sich dort stabilisieren. Bei eben diesen zauberfarbenen Blumen auch. Immer wieder gilt es, sie zu finden. Die kleinen Blumen, die ihre Köpfe aus dem Schnee recken.

Xhristin Völker

Zeitgenössische Tänzerin, Schriftstellerin, ehemals Lehrerin: *Ich lebe gerade ein wenig wie „zwischen den Welten"... aus dem Lehrer-Innen – Job aus gesundheitlichen und anderen Gründen „herausgefallen". Irgendwie von „heute auf morgen". Gefühlt jedenfalls. Weiter fühle ich mich einigen französischen Literaten sehr „zugewandt" oder „verbunden". Den Surrealisten und auch Christian Bobin. Einigen Romantikern wie vor allem George Sand. Ich habe einmal ein Gedicht von ihr ein halbes Jahr lang in Frankreich „studiert". Es ist der „Einstieg" in meinen ersten Fade-Roman geworden. Und Zola: seine gesellschaftliche Kritik. Realist. Und ich war immer der Philosophie und dem Buddhismus verbunden. Ich meditiere seitdem ich 21 bin. Und mache Yoga. Heute meditiere ich vor allem ZEN. Verehre auch Samaroan/Soham, habe einen 18-jährigen Sohn. Gelebt habe ich in Montpellier. Dann Münster und München. In Stuttgart gelandet aus beruflichen Gründen (ich*

war zunächst Mädchensportlehrerin dort). Ja...
„auf dem Weg" zumindest und der ZEN sagt:
der Weg ist genau unter euch. Soham: „dort
stabilisieren – wo ihr seid".

Die C-Wörter – Schimpfen in der Pandemie

Mit was beleidigen sich Viren? Mit Impfwörtern! Dagegen bleiben die Deutschen beim Beleidigen bei Schimpfwörtern, und die Pandemie hat davon eine große Menge neue hervorgebracht.

Die meisten Menschen waren weder am Anfang noch in den Monaten und Jahren nach Ausbruch der Pandemie davon begeistert und haben inzwischen die Schnauze gestrichen voll. Manchen ist das Thema so über, dass sie ein Hüllwort (wie Armloch oder Scheibenkleister) benutzen und anstatt Coronakrise lieber C-Wort sagen oder schreiben.

Von den Deutschen werden Pandemie, Covid, COVID-19 und Corona synonym gebraucht, und so kann man alle im Folgenden erwähnten Schimpfwörter entsprechend variieren.

Zuerst wurden und werden die Viren selber beschimpft, was diese aber insgesamt wenig beeindruckt hat. Wuhan-, China- oder Chinesen-Virus, britischer Virus oder Britenvirus, Südafrika-Virus, die Mutante aus Indien oder die Mutation aus Brasilien, die Bezeichnungen haben gemeinsam, dass ein xenophober Ton mitklingt, was am deutlichsten bei Trumps feindlichen Äußerungen gegenüber China herauszuhören war.

Klar ist, wer Schuld hat, das sind die Covidioten, also Menschen, die sich in der Pandemie falsch verhalten. Harmlos sind da noch die Corona-Sünder, denn wir sind alle kleine Sünderlein, im Gegensatz zu den Coronasuperverbreitern, Multi-Spreadern und -Treibern, den Virenbombern und -schleudern, die uns das alles eingebrockt haben.

Dann kommen die Lockdownverweigerer, Lockerungsdrängler, Maskengegner, die Nacktnasen mit Nasenpimmel und die Maskenmuffel. Da viele Männer überzeugt waren, mit einer Maske durch die gesamte Pandemie zu kommen, ist ungeklärt, wer für die Ausbreitung mehr Verantwortung trägt, die Maskenmuffel oder die Muffelmasken der Dauerbenutzer. Auch die Klopapierhamster oder -prepper haben allen in der Anfangszeit den Alltag erschwert.

Was ein Wirrologe ist, erschließt sich wahrscheinlich jedem, denn wir alle haben mindestens einen davon im Familien- und Freundeskreis oder schon einmal einen im Internet oder Fernsehen gesehen. Ein Wirrologe hat eine eigene Expertise, egal ob er in der Virologie Erfahrung hat oder nicht. Er zeigt einem ungefragt eine Fülle von Widersprüchen in Politik und Berichterstattung auf und ignoriert dabei, dass seine Ausführungen um ein Vielfaches widersprüchlicher sind.

Corona-Petzen zeigen bei der Polizei Personen an, die sich ihrer Meinung nach nicht an die Regeln halten. Aber auch, wer nicht Opfer von Denunzianten wird, kann von Corona-Scham oder -Shaming befallen werden, wie zum Beispiel ich selbst, als ich es von Januar bis April vorzog, auf Gran Canaria Fußball zu spielen und zu baden, anstatt nach Empfehlung der Bundesregierung gefälligst meinen Arsch zu Hause zu lassen.

Mit Aluhut bezeichnete man ursprünglich Spinner, die sich vor Satelliten- oder Weltraumstrahlung durch einen Aluhut schützten. Manch stolzer Querdenker trägt in Anspielung darauf an Hose, Handgelenk oder Hals aus Folie gerollte Alu-Bommeln oder -kugeln.

Anticoronademonstranten, Quarantänebrecher oder Ausbrecher taten ein Übriges und nicht nur sie schimpften über den Salamilockdown. Als Corona-RAF wird eine Gruppe diffamiert, von der man wegen ihrer Ablehnung der Verhaltensregeln zur Eindämmung der Pandemie extremistischen Protest erwartet. Andere Beschimpfungen für sie sind Covid-19- oder Corona-Leugner. Sie selbst sehen sich lediglich als Corona-Kritiker oder -Rebellen, und unser politisches System ist für sie keine Demokratie, sondern eine Hygiene- oder Corona-Diktatur, gern auch -Regime oder sogar Corona-Faschismus mit coronaesken Verordnungen, kurz: eine Plandemie.

Die Balkonklatscher waren nicht nur ihnen, sondern auch vielen Beklatschten ein Ärgernis, weil die sich wünschen, dass die Applaudierenden sich ihren Beifall sonst wohin steckten und die Beklatschten eher besser bezahlt werden wollten.

Die Corona-Skeptiker veranstalten Hygienedemos. Für sie sind die Menschen auf der anderen Seite des Coronagrabens Opfer von Panikdemie, Coronahysterie, -panik und -hype. Sie sind Corona-Gläubige oder gar -Lügner, Maskentrottel, Maskensklaven,

Maskenknappen, die sich mit untauglichen, selbstgehäkelten Schnutenpullis, Coronalappen, Kinnwindeln oder Gesichtskondomen zu schützen suchen.

Wer nicht daran glaubt, dass Merkel, Trump, Biden, Gates und alle anderen Mächtigen einen gigantischen Coup durchziehen, wird von ihnen als Schlafschaf oder Zeuge Coronas beschimpft.

Ein aus Angst oder Wut aggressiver Corona-Mob kann sowohl aus Vertretern der einen wie der anderen Seite bestehen.

Die Geschichte der Querdenker ist die eines gefallenen Wortes. Bis Corona waren Querdenker ehrenwerte ältere Herren der CDU, so wie Kurt Biedenkopf und Heiner Geißler oder von der SPD Willy Brandt und Helmut Schmidt. Wurde jemand als Querdenker bezeichnet, dann war dies eine Auszeichnung und bedeutete, dass derjenige sich unabhängig vom Tagesbetrieb wichtige Gedanken um Gegenwart und Zukunft machte. Vermutlich würden genau diese Politiker, wenn sie mit Maßnahmen die Seuche eindämmen wollten, von den heutigen Querdenkern als Coronazis und Seuchensheriffs beschimpft werden. Ihre Gegner beschimpfen sie als Leerdenker, Querfurzer oder Querpupser.

Zombies sind Unternehmen wie die Lufthansa oder jedes beliebige Luftfahrtunternehmen, Tourismus, Messebau und Gastronomie, Konzertveranstalter und Hotels gehören dazu. Ganze Branchen sind stark verschuldet und nur noch durch staatliche Alimentation lebensfähig.

Eine Einrichtung, in der Infizierte zwangsweise untergebracht werden, ist ein Coronaknast.

Mit dem Impfen gegen die Krankheit müsste die Krise mittelfristig überwunden werden, doch auch diese Zeit bringt noch neue Schimpfwörter hervor, Impfdrängler oder -vordrängler gehören dazu sowie Impfneid und Impftourist.

Die neuen Wörter füllen ein eigenes Wörterbuch, darin auch etliche, die im Graubereich liegen, aber leicht für Beleidigungen genutzt werden können. Dazu gehört der adipöse After-Corona-Body mit seinen zusätzlichen Coronakilos. Die vielen Bezeichnungen dieser Deformation machen den gefährlich verfetteten Zustand des Volkskörpers deutlich: Corona-Bauch, -Speck, -Plauze, -Wampe und die Corona-Figur.

Auch sind Corona- oder Lockdown-Frisur, -Matte, -Mähne, der Corona-Schnitt, Krisen-Frisen, Pandematte oder das Corona-Haar eher nicht sehr modisch, sondern den geschlossenen Friseuren geschuldet.

Die große Unlust zeigt sich auch daran, dass Lernplattformen als PDF-Schleudern diffamiert werden. Nach dem ersten Jahr Corona sind die meisten Deutschen krank, müde, overzoomed oder tot und ihre Hoffnung ist erloschen, dass dieser Zustand jemals endet.

Falko Hennig, Schriftsteller, Journalist, Bühnenkünstler
https://de.wikipedia.org/wiki/Falko_Hennig

Anonyme Corona-Geschichten

...Auf Teneriffa vernahm ich immer wieder den Namen einer bestimmten Frau. Es kannten sie wohl einige, man sprach von ihr, unter dem Wanderrentnervolk. Ihr Bekanntheitsgrad rührte von ihrer Passion her, wandernde Naturfreunde über die Insel zu führen. For free, just for fun.

Nun, wie es manchmal so kommt, erfasste sie ein grippaler Infekt. Vielleicht Influenza? Vielleicht eine gefährliche Grippe? Oder eine andere Seuche? Man wusste nichts Genaueres, man wusste nur, es könnte riskant für Leib und Leben sein! Ihre Freunde waren besorgt. Aber sie konnten nichts tun, außer ihr etwas zu Essen vor die Tür ihres Hauses zu stellen. Eine nähere Begegnung musste vermieden werden, denn die Gefahr war zu groß, sich und oder die eigenen Lieben anzustecken und vielleicht ebenso in Lebensgefahr zu schweben! Schließlich war es auch ihre eigene Schuld! Diese Frau war unbelehrbar und wollte sich nicht gegen die Grippe impfen lassen! Man bedrängte sie, einen Arzt oder den Pflegedienst zu rufen, aber sie wollte das nicht. Immer öfter blieb das Essen vor der Tür stehen. Vier Wochen später stand fest, es bestand Handlungsbedarf. Niemand öffnete. Doch irgendwann fand man sie tot ...

...Auch die Selbstmorde sind extrem in die Höhe gegangen. Ich habe von einer Frau gehört, alleinerziehende Mutter, die vom vierten Stock ihres Balkons gesprungen ist. Sie ist aber nicht tot, sondern nun querschnittsgelähmt.

Meine Mutter ist dement und lebt in einem Pflegeheim. Wegen Corona wurden die Speisesäle geschlossen und die Leute bekommen nun das Essen aufs Zimmer geliefert. Das heißt, sie können rund um die Uhr ihre kleine Zelle nicht mehr verlassen. Alle Aktivitäten untertags, wie Gruppenrunde, Gymnastik, Gedächtnistraining, wurden auch gestrichen. Meine Mutter zum Beispiel kann auch nicht mehr lesen oder ein Handy bedienen, sie kann stattdessen nur auf einem Stuhl sitzen oder im Bett liegen, den ganzen Tag lang.

...Gestern Abend starb mein Opa. Er kam vor drei Wochen ins Krankenhaus, bekam die Diagnose Niereninsuffizienz. Sie machten einige Untersuchungen, keiner durfte ihn besuchen und das bei einem 95-jährigen Menschen. Freitag hat er sich anscheinend noch mit Corona infiziert und gestern ist er gestorben. Wieder durfte keiner zu ihm. Sie haben auch erst Stunden später angerufen. Ich finde das so unwürdig, Sterbende im Krankenhaus allein zu lassen und nicht besuchen zu dürfen.

Was möchtest Du gerade?

Mein Gefühl ist, als säßen wir gerade weltweit alle in Fliegern, die abgesackt sind, und die Panik an Bord ist groß. Der Pilot und die Bordcrew geben ständig Anordnungen heraus, wie wir uns zu verhalten haben. Und der Grundtenor ist: Bewahrt Ruhe.

Atmet tief ein und aus.

Spuckt den Nachbarn nicht an. Fasst ihn nicht an. Vor allem: Beschäftigt Euch NICHT mit dem eventuellen Absturz.

Noch ist der Flieger in der Luft.

Hör auf, auf die Flieger der Nachbarländer zu schauen. Ist da schon jemand tiefer? Ist der Gesundheitszustand der Passagiere dort schlimmer?

Welche Risikogruppe bin ich?

Was, wenn der Flieger doch landen kann, und bin ich dann noch am Leben und habe etwas zu essen? Was ist mit meinem Besitz? Dieser Virus macht uns alle gleich, sagen viele – und auch wieder nicht, sage ich.

Jetzt ist gut dran, wer sein Leben lang bereits wusste, dass es im Leben keine Sicherheit gibt.

Außer meinen eigenen Seelenfrieden.

Habe ich den, fühle ich mich sicher, in jeder Situation. Ich bin sehr religiös aufgewachsen und habe mich, als ich begann, dies zu hinterfragen, immer gewundert, warum genau diese so gottesfürchtigen Menschen sich so oft fürchteten?

Vielleicht weil sie es im Namen schon trugen und sich so nannten? Gottesfürchtig. Furcht vor Gott. Da Gott das Leben ist, Furcht vor dem Leben.

Für mich bedeutet Glauben, fest in Gott aka dem Leben verwurzelt zu sein.

Was kann mir passieren?

Ich könnte am Ende sterben.

Ich werde am Ende sowieso sterben.

Ersticken ist kein schöner Tod, schrieb mir gestern eine Freundin.

Ja, was wir davon wissen und wie es dargestellt wird und wenn wir in Panik geraten, weil wir keine Luft mehr bekommen – nicht.

Was weiß ich wirklich vom Ersticken?

Wenn ich es nicht erlebt habe? Ich weiß jedoch sicher, der Geist ist mächtig. Alles, was ich mir in klarsten Farben ausmalen kann, kann eintreten.

So, so viele Frauen z.B. bringen ihre Kinder unter großen Schmerzen zur Welt. Sie hören Geschichten anderer Frauen, die unter Schmerzen Kinder auf die Welt brachten.

Sie verkrampfen sich bei jeder Schmerzwelle, und es wird so noch schlimmer.

Dann gibt es jedoch auch Frauen, die sich auf die Entbindung bereits mit Atemübungen, Hypnose und Training vorbereiten. Und deren Geburt ist ganz anders.

Auch mir bereitet der Gedanke ans Ersticken kein Wohlgefühl, ich weiß aber auch, dass das daran liegt, weil ich viele Geschichten gehört habe, die schrecklich sind und ich niemanden kenne, der sich bei einer Lungenkrankheit schon vorher vorbereitet hat auf sein Ende. Wie wichtig das ist, die Vorbereitung auf unser Ende. Das kommt für jeden.

Und der Tod ist das Schwerste, wenn jemand nicht gehen will. Wenn jemand Angst hat zu gehen. Wir, als Gesellschaft, haben die letzten Jahre so komplett das Gehen aka Sterben negiert. Unser ganzes medizinisches System ist inzwischen nicht mehr auf Lebenserhaltung ausgerichtet, sondern auf Sterbensvermeidung. Und das ist nicht dasselbe. Jemand unter allen Umständen am Leben zu erhalten, selbst wenn der Mensch nur noch an Maschinen hängt, ist eine Sterbensvermeidung.

Ist das sinnvoll?

Gerade hier in Deutschland traut sich kaum jemand, etwas über „Das-am-Leben-erhalten-um-jeden-Preis" zu sagen- mit Hintergrund der deutschen Geschichte der Euthanasie & Co., sagte meine wundervolle Hausärztin (entspannt, ruhig, keinerlei Corona-Anspannung).

Erneut bin ich von tiefer Dankbarkeit erfüllt, wenn ich an den Abschied meiner Mamuschka denke. So dankbar, sie hatte einen schnellen Tod. Für uns zu plötzlich, keine Frage, der Moment des Abschieds war sehr, sehr schwer. Und doch jetzt - mit dem Abstand von einigen Monaten, finde ich mehr und mehr Gründe für Dankbarkeit für diesen abrupten Abschied. Auch hätte sie Corona und die Folgen zutiefst besorgt und verunsichert. Sie war jemand, der ständig unterwegs war. Mir sie über Wochen in der Wohnung vorzustellen, trotz Garten – da sehe ich sie jetzt mit viel mehr Freude als meine unsichtbare Begleiterin.

Das kann eine gute Zeit sein, sich konstruktiv mit dem Thema Abschied zu beschäftigen. Zu starten, über den Tod und Abschied nachzudenken und dann darüber zu sprechen, statt auch das wieder zu verdrängen und der Angst und Panik nachzugeben. Der Angst vor dem Virus und einem potenziell möglichen, schweren Verlauf. Der Sorge, wie lange dauert das noch an und was wird danach sein. Mit meinem Besitz? Wenn ich keinen habe, was wird dann sein? Wovon lebe ich?

Stattdessen kann ich die Zeit jetzt bewusst konstruktiv nutzen.

Darüber nachdenken, wie ich JETZT leben will, den Abschied vieler Menschen vor Augen. Wie will ich leben, solange ich lebe? Wie möchte ich mich fühlen? Ich weiß, wie ich mich fühlen möchte. Ich möchte früh am Morgen vor dem Wecker voller Freude aufwachen, und dankbar sein, am Leben zu sein. Die Vögel draußen jubilieren zu hören und mich von ihrer Sorglosigkeit und Lebensfreude anstecken zu lassen. Dann direkt zu danken für das, was ich habe: ein wundervolles Bett, Ruhe, die Sicherheit, in einem wohlhabenden Land zu leben, alles bewegen zu können und direkt auch alles zu bewegen, mich zu dehnen und zu strecken. Dankbar zu sein, dass ich in den zurückliegenden Jahren als Künstlerin oftmals nicht wusste, wie ich meine Rechnungen bezahle und sie dann doch immer bezahlen konnte. Dankbar, dass ich, seit ich es trainiere, mich auf das zu fokussieren, was ich möchte, auch das bekomme, was ich möchte und mich am wichtigsten, auch so fühle, wie ich möchte.

Und du? Wie möchtest du dich fühlen? Von morgens bis abends?

Ich wende mich bewusst ab von der Angst und Panik, wenn ich mich bewusst zur Ruhe und Gelassenheit hinwende.

In den Momenten, in denen es sehr herausfordernd ist, erinnere ich mich an meine Atmung.

Ich beobachtete, wie mein Atem von allein fließt. Dann vertiefe ich bewusst langsam meine Atmung.

Ich kann meine Atmung bewusst steuern.

Tiefes Atmen hilft, den Stresslevel zu senken, somit Angst und Anspannung zu verringern. Dadurch werden Signale ans Gehirn gesendet, um zu entspannen und sich zu beruhigen. Regelmäßige Atemübungen reduzieren die Menge des Stresshormons Cortisol. Dies wiederum reduziert Stress und hilft in schwierigen Situationen, die Ruhe zu bewahren.

Und es erhält uns am Leben.

Das Atmen.

Interessant, dass COVID-19 in schweren Fällen auf die Atmung geht.

Wenn wir uns dem grundlegendsten, lebenserhaltenden Mechanismus an sich, dem Atmen, zuwenden, uns damit konstruktiv beschäftigen und es anwenden, verändern wir unser Leben.

Wenn nicht jetzt, wann dann?

Rineta Klinger
KLARHEIT – KUNST – EMPOWERMENT

Ich bin eine Sammlerin. Ich sammle und verbreite Geschichten, Freude, schöne Momente und Herzlichkeit. Ich liebe es, mich vital, voller Energie und inspiriert zu fühlen und dies dann weiterzugeben. Was macht mich unvergleichlich? Ich sage, was ich denke – angstfrei. Ich bin sehr verbunden mit meiner Intuition, die ich über Jahre trainiert und verfeinert habe. Ich lasse Kunst entstehen, die Freude, Spiel und Wohlgefühl in dein Leben bringt. Sowohl meine Kunst als auch mein Mentoring basiert auf Intuition. Das macht meine Arbeit sehr individuell. So spreche ich zu genau den Menschen, die angesprochen werden sollen. Ich arbeite für und mit Menschen, die sich nicht mit 08/15 zufriedengeben. Leute, die für etwas brennen, deren Geschichten Mehrwert haben für uns und unsere Gesellschaft, denen gebe ich sonntags in meinem Podcast ZAS, die Bühne, ihre Geschichte(n) zu erzählen."

https://rinettaklinger.com/

Höhenluft

Ein Glückskind, das bin ich.

Geboren in Amberg, in der Hahnbacher Senke. Eine zauberhafte Landschaft im zentralen Ostbayern.

Der Lebensplan hat jedoch einen Platz als „Alpöhi" für mich vorgesehen.

Am Berg. Weit über der Senke.

Über diesen Weg zu berichten, ist aber eine ganz andere Geschichte…

So darf ich jedenfalls Lockdown eins, zwei und drei komplett jenseits der Grenzen von Merkel, Spahn, Lauterbach, Söder und diversen Virologen-Stars und -Sternchen in Felix Austria verbringen.

Weit ab vom Schuss, auf fast 900m im Grünen. Und diesen Winter vor allem im Weißen.

Welch ein Geschenk. Tausend Dank dafür!

Was zeichnet „Ösis" vor allen anderen aus? Richtig: ihre Skihelden!

Deswegen ist es in diesem hoch erschlossenen alpinen Paradies völlig unmöglich, alle Skigebiete wegen einer Viruspandemie zu schließen. Einheimische sind unter sich. In einem Bilderbuchwinter.

Es lebe der Polarwirbel!

Schneefall. Drei Tage mehr oder weniger heftig. Dann ein Traumwetterbericht.

Perfekt vorbereitet starte ich früh nach Mellau, damit eine der ersten Gondeln zur frisch verpulverten Höhe meine wird. Unter Einhaltung von Hygiene- und Abstandsregeln sind vier der sonst üblichen acht Personen mit FFP2-Vermummung pro Auffahrt erlaubt.

Die Menschen umsichtig, ja eher vorsichtig. Vierer-Grüppchen bilden sich kaum.

Einer der Skihelden konnte eine Gondel für sich ganz allein ergattern. „Das ist Verschwendung", denke ich mir. Der Luftraum und eine Auffahrt unter 15 Minuten erlauben durchaus, dass ich ihm Gesellschaft leiste. Zumal alle bösen Virus-Varianten um die Modellregion Vorarlberg scheinbar noch einen Bogen machen. Also schiebe ich mich an anderen schüchternen Auffahrtswilligen vorbei, von denen keiner meinen Mut hat und entere die gut belüftete Alukarosse zur gemeinsamen Auffahrt.

Was macht Corona aus den Menschen?

Irgendein spaßiger Smalltalk kommt in der Enge einer Seilbahnkabine quasi immer zustande. Normalerweise. Vor allem mit gut gelaunten Holländern! Dieses Jahr gibt's keine Holländer.

Und auch keinen Smalltalk.

Mein Auffahrtsgenosse belegt einen Winkel der Gondel. Diagonal gegenüber ich den anderen.

Maximaler Abstand. Schweigen unter Maskenpflicht. Nicht einmal sich zu beäugen, wagt man.

Stattdessen rettet sich der Blick weit in die zauberhafte Schneelandschaft.

Ich fühle mich schlecht.

Schließlich bin ich mutwillig in die Intimzone eines anderen eingedrungen. War es ihm doch fast gelungen, eine Gondel für sich allein zu ergattern.

Der kaum zu ertragende Zustand dauert keine zehn Minuten. Die erste Bergstation auf halber Höhe ist erreicht. Befreit stürzen wir uns in die Bergluft. Die kann man auf der nächsten Etappe nach oben genießen: achter Sesselbahn mit nur drei zugelassenen Passagieren. Ich mach den Linksaußen. Im Team mit Vater und Tochter, wie mir scheint.

Eine kurze, aber beschwingte Abfahrt auf bestens präpariertem Neuschnee lockert Knochen und Muskeln für einen bevorstehenden grandiosen Skitag. Sie führt direkt zur Gipfelgondelbahn.

Ihr könnt euch sicher schon denken, was jetzt kommt?

Mein Seilbahngenosse aus Abschnitt eins sitzt wieder ganz allein in einer Kabine.

Egal. Wenn schon Ansteckungsrisiko, dann bitte jetzt keine neuen Verdächtigen. Folgerichtig betrete ich wiederum das Territorium desselben Kandidaten. Er muss nun erneut die blecherne Aufstiegshilfe mit mir teilen. Und es wird schlimmer, wie beim ersten Mal. Quälendes, betretenes Schweigen. Kein verstohlener Blick. Nichts. Allein der grandiose Ausblick in die immer hochalpine werdende Bergwelt tröstet.

Auch diese Qual hat irgendwann ein Ende. In der gläsernen Gipfelstation werden wir gemeinsam ausgespuckt. Die Luft flirrt von Milliarden glitzernder Schneekristalle. So nah am Himmel und der wärmenden Sonne in dieser klaren frischen Bergluft passiert, was einfach unter zivilisierten Menschen guten Willens passieren muss.

Unsere Energie zerreißt mit einem Mal förmlich das virusbedingte Band des Schweigens.

Fast erlösend muss es hinter den dichten FFP2-Masken aus uns heraus: „Hab einen schönen Tag! Pass auf dich auf!" wünschen wir uns gleichzeitig gegenseitig.

Der Corona-Bann ist von einem Moment zum anderen völlig gebrochen. Angesichts der Größe der Bergnatur. Des überwältigenden Wetters. Des Traumschnees.

Es haben sich zwei, aus ähnlichem Holz geschnitzt, getroffen. Das ist zu spüren. Die gleiche Pein hat uns während der schweigsamen Corona-Auffahrt gequält.

Wir verbünden uns sofort für einen gemeinsamen Skitag.

Der „Wälder" Skilehrer und der „Dütsche" von der Schwende.

Mit Abstand auf der Piste dürfen alle Masken fallen. Im freien Tiefschnee-Gelände sowieso.

Unser Skikönnen, unser Alter, unsere Interessen ähneln. Sogar unsere Lebensgeschichten zeigen Parallelen. Die beiden Outdoor-Kameraden harmonieren.

Und hatten sich wegen der Pandemie beinahe gar nicht zueinander getraut.

Auch unter Corona wachsen Freundschaften. Und es kommt zusammen, was zusammengehört.

Für Zwei hat Pulverschnee und Höhenluft als probates Mittel gegen Pandemie bedingte Isolierung gewirkt.

Auch in den Tälern und Tiefebenen möge sich immer wieder eine ähnliche Energie finden.

Uns allen wünsche ich Kraft und ein gutes Immunsystem gegen sämtliche böse Viren, Bakterien und sonstigen Erreger dieser wilden Zeiten!

Der Bergdok **Dr. Ulrich Strobl**

„*Ein angeborenes Engagement für eine bessere Menschheit in meinem direkten Einflussbereich hat mich zuerst zum Klassensprecher, Jugendgruppenleiter, dann Sanitäter und schließlich zum erfolgreichen Zahnarzt gemacht. Das Schicksal fordert midlifes einen totalen Reset von mir. Als Heilpraktiker will ich meine Berufung und Lebenserfahrung zukünftig dienlich einsetzen. Den Menschen zuhören, die Situation erfassen und, soweit ich es vermag, ein besseres Lebensgefühl vermitteln, betrachte ich dabei als meine Aufgabe. Das übergeordnete Prinzip „Liebe" möge mich dabei leiten. Meine Wurzeln liegen in der Oberpfalz. Daneben habe ich eine neue Heimat in Freiburg und auf der Alp in Vorarlberg gefunden. Bisher war ich unsichtbar und nicht vertraut mit den neuen Medien. Ein unbestimmter Drang sagt mir, dass es Zeit ist, das zu ändern. Unter dem Namen „bergdok" soll das passieren. Der Kunstfigur „Der Bergdoktor" vom Fernsehen möchte ich mit meinem Sein gerne ein wenig wahres Leben einhauchen.*"

bergdok@web.de
Coming soon: www.bergdok.com

Corona – und die Welt wird (hoffentlich!) nie wieder so sein wie vorher

Es ist der 12. März 2020, und ich stehe mitten in meinem Kommunikationstraining in Cottbus in einem Call Center vor aufgeregten und verunsicherten Mitarbeitern, von denen einige schon probeweise ins Homeoffice geschickt werden. Es ist mein dritter Trainingstag in Folge und „Corona" bzw. ein „Lockdown" liegt in der Luft.

Einige haben Kinder und stehen vor organisatorischen Herausforderungen, wie z.B. „wohin, wenn die Kita schließt"? Einige sorgen sich um die Gesundheit… An Konzentration ist kaum noch zu denken und zuversichtlich und optimistisch stelle ich die bisherigen Zahlen ins Verhältnis. Die wenigen Infizierten zu den gaaaaanz vielen und der überwiegenden Mehrheit Nicht-Infizierten. Und ich versuche alle zu motivieren, ihre Gedanken bewusst wahrzunehmen und so positiv und optimistisch wie nur möglich zu denken. Zum Glück bin ich mit solchen Techniken ausgestattet. Der Tag vergeht und neugierig auf die nächsten Tage fahre ich abends zuversichtlich nach Berlin zurück.

Dann jedoch beginnt die „Panikmache". Die Zahlen der Infizierten steigen und steigen und die Nachrichten vermelden immer mehr ungute Nachrichten. Alles wird immer hysterischer, zumindest nach meinem Empfinden. Ich denke, das kann doch so nicht weitergehen, irgendwann wird die Regierung doch auch Zuversicht verbreiten…? Und die Bevölkerung beruhigen wollen? Weit gefehlt.

Zum Glück gibt es auch „alternative" Medien. Ich entdecke Telegram und Kanäle von (teils ehemaligen) Mainstream-Journalisten und Experten und die Informationen dort „beruhigen" mich. Wir lernen neue Menschen kennen. Menschen, die auch Dinge hinterfragen und sich wundern, warum denn so negativ kommuniziert wird und warum nicht mehr unterschiedliche Experten zurate gezogen werden.

Man trifft sich im Garten. Wir stützen und stärken uns. Und merken, was wirklicher Zusammenhalt ist. Heute, über ein Jahr später, treffen wir uns immer noch und die Gruppe ist gewachsen.

Ich besinne mich inzwischen auf die Meditation, um nicht verrückt zu werden. Seit über 30 Jahren meditiere ich. Mal mehr, mal weniger regelmäßig. Jetzt sehr regelmäßig und eher mehr.

Zum Thema Arbeit: Eigentlich hätte 2020 mein bestgebuchtes Jahr als Kommunikations- und Verkaufstrainerin werden sollen. Daraus wird nun nichts. (Fast) alle gebuchten Seminare werden storniert. Zum Glück sind wir zu dritt in unserer kleinen Firma und Online-Marketing wird noch gebraucht.

Im April beende ich meine Anfang 2019 begonnene Ausbildung zur Meditations- und Achtsamkeitstrainerin. Ich hänge gleich noch eine Ausbildung ran und habe so das Glück, gleichzeitig auch Zoom bzw. Online-Kommunikation üben zu dürfen. Obwohl ich nie online-affin war, darf bzw. muss ich mich nun mit dem Gedanken anfreunden, dass es jetzt fast nur noch so geht. Aber was tut man nicht alles, wenn man Geld verdienen muss? Inzwischen liebe ich es und habe so mein neues Parallelbusiness aufgebaut (www.mindfulness. berlin). Ich liebe es, positive, lichtvolle Energie ins Feld zu geben...

Zurück zum April 2020: Mich packt für drei Tage die nackte Angst. Was, wenn wir alle unsere Freiheit verlieren? Unsere Grundrechte? Die Unversehrtheit der Wohnung? Jeder überwacht wird? Ich träume von Drohnen und Springerstiefeln. Die Springerstiefel begegnen mir auch „live" in ca. einem Meter Entfernung, während ich auf dem Boden sitze und meditiere und ca. 20 Polizisten in „voller Ausstattung" an mir vorbeimarschieren.

Ja, ich war zum ersten Mal in meinem Leben auf einer Demo. Sitzend auf dem Boden für eine Stunde meditierend. Gute Energie ins Feld schickend. Für die Freiheit, den Weltfrieden, Gesundheit, Angstfreiheit. Und auch da hatte ich Angst. Angst, dass hilflose Menschen um mich herum oder auch ich „einfach so" aus der Menge gezogen und „abgeführt" werden. Wie Schwerverbrecher. Nur mit dem Unterschied, dass dort niemand gewalttätig oder auffällig war.

Der krasse Unterschied zwischen der Realität und der „klassischen" Berichterstattung wird mir klar. Aufgeregt teilen wir dies in unserem

Freundes- und Bekanntenkreis. Jedoch interessiert es nur begrenzt. Die Mehrheit reagiert sehr zurückhaltend und kann (mag?) das nicht glauben. Mit voller Begeisterung versuche ich, Menschen aufzuklären, später vorsichtiger durch Fragen. Aber in Summe bei allen ohne Erfolg. Außer, dass ich als „Rechte" dargestellt werde und manche sich echt Sorgen um mich machen, ohne nennenswerten Erfolg.

Per Flieger mit Maskenbefreiung für zwei Tage in Düsseldorf darf ich am eigenen Leib erleben, wie es ist, wenn man grundlos, obwohl im Recht, schikaniert wird. Die Crew will mich ohne Maske nicht im Flieger auf dem Rückweg nach Berlin mitnehmen, obwohl alles den Regeln entspricht. Ich erlebe, wie das ist, wenn Menschen Willkür ausüben.

Nie in meinem Leben hätte ich gedacht, dass Menschen sich im Jahr 2020 so in Deutschland verhalten werden. Mit Tuch vor dem Gesicht komme ich schließlich doch mit und die Crew hat mein Mitgefühl, denn eigentlich waren sie sauer und wütend, dass sie mit Maske fliegen mussten. Das war mehr als deutlich wahrzunehmen.

Auswirkung im privaten Umfeld: Anfangs wütend und beleidigt, später traurig, ziehe ich mich von einigen Menschen in meinem Freundes- und Bekanntenkreis zurück und denke dankbar an geteilte vergangene Erlebnisse zurück. Ich lerne, Dinge und Menschen zu akzeptieren und Achtsamkeit in Reinform anzuwenden.

Das Gute: Einige vorher eher „nicht sooo enge" Freundschaften vertiefen sich dank unseres regen, ehrlichen, tiefen Austauschs. Allen gemeinsam ist, dass wir versuchen, angstfrei zu sein und zu reflektieren. Nicht allein auf uns bezogen, sondern auch auf uns als Gemeinschaft, als Menschheitsfamilie.

Auf einmal ist es ein Geschenk, so viel Zeit zu haben, um in die Recherche zu gehen, sich mit persönlicher Weiterentwicklung zu beschäftigen, mit dem Herzen zu fühlen, statt mit dem Kopf zu denken. Und sich noch mehr Gedanken als vorher zu machen, in welcher Welt wir eigentlich leben wollen. Und da gibt es sooooo viele Gleichgesinnte. Ohne „Corona" wäre all das nie geschehen. Und ich hätte nie gewusst, wie viele tolle Herzensmenschen es gibt.

So viel durfte ich durch diese Zeit lernen:

1. Achtsamkeit heißt annehmen, was ist. Selbst heute, im Jahr 2021, geht es weiter mit dem Thema Impfungen.
2. Der Tod ist das Schlimmste, was passieren kann. Aber ist das wirklich schlimm oder nicht eher ein „Übergang"?
3. Es ist die Sichtweise auf die Dinge, nicht die Dinge selbst, die uns Schmerz oder Freude bereitet.
4. Man sieht nur mit dem Herzen gut. Herzmenschen erkenne ich inzwischen sofort (Paulina ist einer davon :-).
5. Alles ist gut, wie es ist.

6. In allem steckt wirklich eine Chance, wenn man bereit ist, sie wahrzunehmen.
7. Liebe Menschen im Umfeld sind unbezahlbar.
8. Tiere sind Engel und einfach wunderbare Begleiter. Wer noch keine hat, aber kann, sollte seine „Familie" um sie erweitern.
9. Jeder lebt seine Realität und macht sich die Welt, wie sie ihm/ihr gefällt.
10. Wir sind alle miteinander verbunden.

In Liebe und Dankbarkeit
Petra Owen

... ist Expertin für Mindfulness im Business, von Akquise bis Vertrieb. Als lebenslang Lernende genießt sie auch solche Phasen, die besonders viel Potenzial zum persönlichen Wachsen und Lernen hergeben. Und das sind meist Zeiten, die wir im Allgemeinen als schwierig oder herausfordernd bezeichnen. Geht nicht, gibt's nicht. Und es ist alles bereits da, man muss nur hinsehen – sind zwei ihrer Lieblingssprüche. Und es gäbe noch so viele ...;-)

www.mindfulness.berlin
www.guerrilla.de

„Corinna"-Zeiten

„Corinna" bringt menschlich zusammen,
wer zusammengehört,

wird weder von Oberflächlichkeit
noch Handys
oder Konsumterror gestört.

Der Lockdown bringt das Verkehrschaos zur Stille
und lässt uns zurückkehren
zu unserem innersten Willen.

Wer die „Corinna"-Zeit überlebt, hat Glück gehabt,
mit neuer Kraft
in die Zukunft zu blicken.

Das Gedicht habe ich während des Lockdowns am Ostersonntag diesen Jahres beim Hören der Musik Gustav Mahlers (insbesondere seiner Auferstehungssymphonie) geschrieben. Bezug nehme ich ferner auf ein wundersames, ja geradezu absurdes Gespräch zweier Freunde, wenige Tage davor: Beide waren ernsthaft davon überzeugt, es werde nach dem Ende der Corona-Krise ein „goldenes Zeitalter" anbrechen.

Dr. Marcus Zisenis

...reist mit seiner Kamera seit 1996 um den Globus. Seine Augen versuchen, spezifische Momente des Zusammentreffens von Menschen, Architektur und Landschaften einzufangen, die sonst in einer Sekunde verschwinden würden. Der Fokus seiner Fotografie liegt auf symbolischen Momenten und ausbalancierten Kompositionen, die den Betrachter überraschen.

Corona und die Suche
nach Freiheit

Jeder kann unkompliziert herausfinden, wie viele Leute an Corona erkrankt bzw. gestorben sind, in fast jeder Stadt und jedem Staat der Welt. Die Daten werden skrupellos gesammelt und täglich veröffentlicht. Eine finsterere Statistik fehlt aber. Wie viele sind körperlich gesund geblieben, leiden aber unter durch Corona verursachte psychische Störungen? Wie viele sind so weit gegangen, dass sie sich das Leben genommen haben, weil sie durch die endlosen Maßnahmen von diversen Regierungen keine Perspektive für die Zukunft sehen konnten?

Die Fragen kann ich mir nur stellen, denn ich finde, wie jeder andere, nicht die Antworten. Ich kann nur meine Geschichte erzählen: Wie ich in Corona-betroffenem Deutschland fast durchgedreht bin und wie es mir gelungen ist, mich als Corona-Flüchtling zu retten (klingt quasi wie ein Republikflüchtling aus der ehemaligen DDR...)

Wie mein Name verrät, komme ich aus Südosteuropa, genau genommen aus einem kleinen Land namens Bulgarien. 2008, nachdem ich den Film „Lola rennt" gesehen habe, fing in mir scheu der vage Traum an, das Leben in Berlin zu erfahren. Dieser Wunsch wuchs langsam, genauso wie mein Interesse an der deutschen Sprache, Kultur und Geschichte. Ich habe gespürt, wie im Laufe der Zeit dieser Traum immer konkretere Konturen angenommen hat, insgesamt mit einer Sehnsucht nach einer größeren Freiheit und neuen Horizonten, neuen Möglichkeiten, beruflich und privat. 2017 wurde ich von einer deutschen Firma in Sofia angestellt und im Oktober 2019 bekam ich eine Stelle in Berlin.

So weit, so gut. Das Abenteuer konnte beginnen. Niemand hat mir aber vorhersagen können, dass der Traum sehr bald zum Albtraum werden würde.

Die ersten Monate waren wie Flitterwochen. Es war ein sonniger Herbst, es gab jede Menge Neuigkeiten zu entdecken: Theater, Kinos, Restaurants, Cafés, den Charme der verschiedenen Kieze in Berlin, neue Kontakte, Freundschaften, Austausche, Erfahrungen. Ich träumte weiter, wie ich ganz Deutschland und ganz Europa weiter entdecken würde, die Möglichkeiten zu fahren waren so vielfältig. Es war kaum zu glauben, dass die Träume meiner Kindheit endlich in Erfüllung gehen würden. Fast jeden Monat kam ein Freund zu Besuch, und ich zeigte als Guide meine neuen Entdeckungen in der Stadt.

Dann war plötzlich dieses jahrelang bekannte Leben weg. Die stressvolle Wohnungssuche und der Leistungsdruck am Arbeitsplatz wurden mit den Corona-Einschränkungen gekrönt. In den ersten Monaten machte ich gute Miene zum bösen Spiel. Ich sah das Glück im Unglück. Endlich konnte ich eine Pause von den geschäftlichen Reisen machen und mich an die neue Mietwohnung und das Viertel gewöhnen, den bürokratischen Papierkram in aller

Ruhe erledigen. Parallel wuchs aber auch die Angst, die Angst, angesteckt zu werden. Am Anfang hatte ich das Gefühl, als wäre alles außer der Wohnung radioaktiv, und es war nur eine Frage der Zeit, bis wir alle sterben.

Die Nachrichten bestanden wochenlang aus nichts anderem, als Statistik über Zahlen von Angesteckten und Toten, die ich letztendlich aufgehört habe zu lesen. Ich machte mir auch Sorgen um meine Verwandten und Freunde. Ich habe geweint, als ich von dem ersten Corona-Fall erfuhr in der Stadt, wo ich geboren bin. Ich dachte an meine herzkranke Mutter, wie hilflos und verletzbar sie war, und die Tatsache, dass ich absolut nichts unternehmen konnte, um sie gegen dieses Virus zu schützen. Ich wachte quasi jeden Morgen auf mit dem Gedanken „Wie geht's dem und der?"

Ich wagte nicht, meine Kollegen und Freunde zu treffen, denn das Motto war und blieb: Kontakte auf das absolute Minimum reduzieren, um Leben zu retten. Fortan waren die längsten Reisen zu Fuß, und zwar in den Supermarkt, um einmal in der Woche einzukaufen. Dazu kurze tägliche Spaziergänge mit der Sondermission, alle anderen Menschen zu meiden.

Drei Monate später habe ich wahrgenommen, dass ich unter Realitätsverlust litt. Ich redete regelmäßig und häufig nur mit mir selbst, und zwar in verschiedenen Sprachen. Ich hatte immer weniger Lust, die Wohnung zu verlassen, und wenn ich das tat, vergaß ich, auf die Ampel zu achten.

Ich fand, dass sich die Fahrräder und Autos zu schnell bewegten, es überraschte mich überhaupt, irgendetwas in Bewegung zu sehen, denn eine lange Zeit war Berlin eine Gespensterstadt, die nur selten irgendwelche Zeichen von Leben zeigte.

Dann kamen der Sommer und die Lockerungen. Eines Tages rief mich mein Freund Marcel an und lud mich zum Kaffee ein. Dann sagte ich mir: f—k it. Ich habe das Daheimhocken satt, das Angsthaben, den Kontakt nur über Telefon oder WhatsApp oder Teams oder was weiß ich. Natürlich war ich vorsichtig, aber der Wunsch, die Normalität wieder zu erleben, war stärker.

Je mehr ich darüber nachdachte, desto mehr nahm ich wahr, dass ich im Januar 2020 an Corona erkrankt war. Was ich über die Symptome gelesen hatte, und was später durch tatsächlich von anderen Infizierten bestätigt wurde, war genau das, was ich damals hatte: trockenen Husten, der wochenlang dauerte, und danach überall starke Muskelschmerzen. Damals sprach niemand von Corona, das wurde als eine lokale Infektion irgendwo in China betrachtet, aber es kam irgendwann ans Licht, dass der erste Fall in China eigentlich im Oktober 2019 gemeldet war, also ausreichend Zeit hatte, dass sich das Virus weltweit verbreiten konnte, auch in Europa. Die Tatsache, dass ich es überlebt hatte, machte mir Mut und ich sagte mir: Selbst, wenn du dich ein zweites Mal ansteckst, kann es nicht so schlimm sein, du hast schon einigermaßen Immunität. Ich machte mir ausschließlich Sorgen um die anderen.

Also im Sommer 2020 konnten wir die Normalität wieder genießen und lebten in der Illusion, dass alles so bleiben würde wie früher. Die Live-Kontakte und Reisen waren wieder in den Alltag eingekehrt. Die Entspannung und Freude konnte man an den Gesichtern der Menschen ablesen. Dann kam der September. Die Zahlen in Berlin stiegen rasant. Die Hauptstadt war zum Hotspot geworden. Kein Berliner durfte eine Privatreise unternehmen und eine Unterkunft beziehen. Schnell galt das für ganz Deutschland. Kontakte waren wieder stark zu reduzieren.

Was darf man eigentlich? Wenn man Glück hat: arbeiten (wenn man mittlerweile nicht arbeitslos ist), einkaufen, schlafen, wieder über sämtliche Apps kommunizieren, Miete zahlen, Rechnungen zahlen, und diesen ganzen Rhythmus in verschiedenen Rhythmen wiederholen. Der Herbst und der Winter kamen mit dem Sonnenuntergang um vier Uhr nachmittags und einem Himmel, der wochenlang betongrau war. Zum Feierabend war es dunkel, kalt, und Licht in den Parks und Grünanlagen gab es keines: viel Spaß denen, die spaziergehen wollten.

Ich blieb in der Mietwohnung im Plattenbau wie ein Insasse in einem Gefängnis, der nur das Nötige für das absolute Existenzminimum leisten durfte, dazu musste ich tagelang den Lärm von den Reparaturen in und rund um das Hochhaus und nachts von den anderen Bewohnern dulden: vom Raucher unten, der um drei Uhr morgens anfing zu husten, vom Nachbarn oben, dessen Alarm um vier Uhr morgens auslöste, und dann pünktlich um sieben Uhr kam die Baubrigade mit dem Bagger genau unter den Balkon, um die Grünanlage drei Monate lang zu renovieren. Bang Bang Bang, hörte man den ganzen Tag.

Ein paar Monate schlief ich nur vier Stunden pro Nacht, ich konnte mich nicht entspannen und tief in den Schlaf versinken. Für diese lebensbereichernde Erfahrung hatte man das dubiose Vergnügen, eine immer steigende Miete zu zahlen.

Die Sondererlaubnis, ins Büro zu gehen, half einigermaßen, zumindest um die Arbeit zu leisten. Letztendlich ging ich täglich wie eine Straßenbahn immer die gleiche Strecke - durch eine immer leerer, grauer und dunkler werdende Stadt, der alles entnommen ist, was eine Stadt zu einer Stadt macht.

Und wieder und wieder der Appell, die Kontakte noch stärker zu reduzieren. Ich überlegte es mir, wenn ich Proviant für ein Jahr kaufte und die Wohnung nicht verließ, ob das den gefragten Maßnahmen entsprechen würde. Natürlich musste ich auch versuchen, nicht zu erkranken, weil ich das System nicht überlasten wollte. Ich hatte langsam das Gefühl, dass es der Regierung, der Welt und dem Universum sch—ßegal war, was mit mir passierte, und war auch von einer

Gleichgültigkeit allem gegenüber überwältigt. Ich fühlte mich wie ein Zombie.

Die Tatsache, dass trotz allen Einschränkungen die Zahlen von Infizierten nach oben gingen, erklärten die Behörden mit der britischen Mutante. Was ist zu unternehmen? Eine spezielle Art Masken tragen und, natürlich, Kontakte noch stärker reduzieren. Es macht Spaß, Single in Berlin zu sein. Die Tatsache, dass es in Bulgarien vier Kanäle gibt, wie man sich impfen lassen kann, gegen nur einen in Deutschland (warten, wie damals im Sozialismus, für das neue Auto oder den neuen Kühlschrank angerufen zu werden), dass das Prozent von Geimpften in Deutschland wegen fehlenden Vorrats so niedrig bleibt, obwohl Biontech ein Unternehmen mit Hauptquartier in Mainz ist, können die Behörden nicht erklären.

Ich bekam die Nachricht, dass Bulgarien Anfang Februar massive Lockerungen plante. Einige meiner Freunde sind auf den Kanaren, open end. Niemand und nichts wartete in Berlin auf mich. Ich entschied mich an der Stelle, machte den blöden PCR-Test, der Gott sei Dank negativ ausfiel, und buchte in einem Wettlauf gegen die Zeit (der Test darf nicht älter sein als 72 Stunden) einen Platz für den nächsten Flug nach Bulgarien, wo ich die Sonne, den blauen Himmel, meine Freunde, meine Eltern und meine gemütliche Eigentumswohnung wiedergefunden habe. Und wo ich mittlerweile auch geimpft wurde, weniger als drei Monate nach meiner Ankunft.

Ironischerweise habe ich die Freiheit an der Stelle gefunden, wo meine Suche nach Freiheit begann.

Hristo Dishev

Hristo ist immer auf der Suche nach etwas. Das Leben hat ihn mit der Welt der Kundenbetreuung, Finanzen und Übersetzungen verbunden, aber er will mehr. Mehr Sprachen sprechen, mehr Kulturen kennenlernen, mit mehr Menschen befreundet sein. Die Literatur und das Kino öffnen ihm die Türen auch dazu.

Instagram: @dishevhristo

Über das, was man nicht in Worte fassen kann...

In der ersten Geburt zwischen Leben und Tod, ein Durchhalten für das neue Leben. Windpocken, selbst noch geschwächt und zusammen mit dem Neugeborenen im Wochenbett, manchmal wurde plötzlich die Decke am Fußende schwer, als würde sich jemand zu uns setzen, doch beim Nachschauen war niemand dort.

War es der Tod, der versucht hat, Einzug zu halten oder ein Engel, der uns gerettet hat? Wieder ein Hoffen, vor allem für das neue kleine Leben. Die Aufzählung lebensbedrohlicher Erfahrungen (auch zum Thema „Alleine auf Reisen") ließe sich fortsetzen. Und diese Erfahrungen sind, wie jeder weiß, eine verschwindende Kleinigkeit gegenüber dem, was Menschen in anderen Ländern erleiden müssen. Manchmal frage ich mich, ob auch für andere (Mütter) die Sätze, die heute scheinbar harmlos kursieren, surreal wirken: „Bleib lieber, wo du bist, bei euch sind die Inzidenzwerte so hoch" statt „Komm lieber her und bleib bei uns, hier bist du sicherer."

„Dir geht es schlecht? Dann komm lieber nicht, du könntest Corona haben und mich anstecken" statt „Lass uns schauen, was du hast, ich helfe dir."

Vor dem Aufkommen der Maske zu Beginn der Pandemie (im Bus): „Oh Gott, Friederike, du hier! Ich setz mich ganz weit weg von dir", sprach die

Dame, in dem sie im Vorbeigehen ihren ganzen „Sabber" auf mich herunterspuckte. Übertriebene Angst kann tödlich sein, zumindest psychisches Leiden verstärken.

Friederike Rohse
Schmuckdesignerin, Künstlerin, Galeristin
www.friederikerohse.de

LUXY FLUXI – das DADA-Gedicht

Seele aus Glas gläserner Mensch
teste deine Regeln an dir selbst
wir haben immer und zu jeder Zeit
einen Flirt mit der Vergänglichkeit
Netflix Joyn YouPorn YouTube
keine Konzerte alle Clubs geschlossen
ich mach zu Hause Party allein
tanze Tourette tanze Autismus
tanze Twist ADHS
male Aquarelle bis der Notarzt kommt
Lockdown Kackdown Rockdown
Fuckdown Schockdown
Luxy blow Fluxi Corona RocknRoll

PETER SCHLANGENBADER

> *Ich kämpfe in meinen Werken für die Freiheit des Individuums, bin fasziniert von der Zukunft, warne vor den Abgründen und wünsche mir nichts mehr als ein friedvolles Zusammenleben aller Kulturen".*

www.schlangenbader.de
Facebook: Schlangenbader Art
Instagram: @schlangenbader

ach gustav

augenlose blicke
aus ichinfiziertem hohlraum
in fürsorglicher unachtsamkeit
hingeworfen
wie spielkarten
nach aufgegebener partie

mundgeschützt sprachlos
plötzlich niemand sein
und nach dem ende der dornröschenschlaf-
verfallenheit ringsum
niemand bleiben
in abhandengekommener welt
deine worte

dank coronakadaveranverwandlung
haben wir den virus überlebt, gustav,
und jetzt endlich

wird das goldene zeitalter anbrechen
wirst schon sehn

Stefan Höppe
Kulturmanager, Initiator und Veranstalter
multikultureller und internationaler Projekte

Corona

So ein Schlamassel. Mutierte Viren.
Gegenwehr auf allen Vieren.
Noch viel mehr.
Wir kämpfen dagegen.
Angst? Von wegen.

***

„Guter Geist"

In diesen Tagen.
Selbst wenn der Himmel
nichts Gutes verheißt.
Es liegt doch am Herzen
mit jedem Schlag.
Was jeder positiv
zu sagen vermag.
Gedanken in Liebe,
Freundschaft geteilt.
Reich beschenkt – wer
auch immer an euch
denkt.
Selbst jene dabei,
die Erinnerung
geworden.
Getragen, geborgen.
LEUCHTEND, wie die
Sterne am nächtlichen
Himmel sind.

Schwere

darum ich weiß.
Eine Not umfängt
Sinne, den Geist.
Abschied kommt.
Das Wissen
– ich kann
loslassen
(?)
Liebe
Schmerz
Endgültigkeit.
Es ist,
es war:
Lebenszeit

***

Es gibt Dinge,
die sind, wie sie sind.
Ärger darüber, Frust?
MACH DIR LUFT.
Klare Worte, aber nicht gemein. Das sollte genügen,
um zufrieden zu sein.

***

Manches Gebet

Hilft,
wenn alles stillsteht.
Nicht vor und zurück.
Es bleibt Verzweiflung dann.
MANCHES GEBET erhebt.
Weist einen Weg.
Der unsicher, aber tröstlich
ist.

***

Nicht zu glauben

Wenn den Menschen nichts
mehr heilig ist, ist die
Katastrophe da.
Ohne Anstand, Moral
– scheint alles egal.

***

So weiß ich

dass du in besten Händen bist.
Dein Weg ist nicht beendet.
Vollendet diese Lebenszeit.
Leuchtet dort ein Licht.
Sternenklar –
wo du jetzt bist.

Lass mal stecken.

So viel Dummheit
um uns kann nur
erschrecken.
Das Heer immer
größer, zu nur
einem Zweck.
Verblödung in
Herden.
Davon möchte
ich...
weit weg.

***

Freundschaften

Was uns verbindet
ist die Zeit.
Voneinander hören.
Nichts
kann das stören.
Wie auch?
Freunde.
Frei sein.
Verbunden.
Das Wissen:
Niemand
ist allein.

***

Noch diese Worte in Pandemie-Zeiten:

Es sind die vielen Fragen, die immer sind. In guten wie in schlechten Zeiten. Das weiß jeder Mensch in seinem Umfeld.

Und jetzt CORONA, schon ein Jahr. Was für eine Zeit für Dumme und Leugner!

Für betroffene Familien mit Leid und Tod. Keine Möglichkeiten, in Liebe zu sagen: Adieu.

Was löst das aus? Ängste, Wut, Trauer und so fort.

Aber vergessen wir die Hoffnung nicht. Was wir gemeinsam hatten. Das ist, was niemand einschränken kann - auch das Virus nicht.

Und so ganz verloren sind wir nicht.

Neue Wege begehen. Suchen! Was längst in Verschwendung erstickt. Immer fettere und aufgeplusterte Konsumwelt. Klamotten, dicke Autos, Reisen, fort. Du wirst damit nicht entkommen.

Die Pandemie zeigt schon, wie elend es ist, unsere Armseligkeit. Mutter Erde verkraftet das lange nicht mehr. Alles nur flüchtig ... wie Windhauch.

Gegenüber treten offen und ehrlich. Streiten. Nicht hinter Portalen versteckt, gemein und hässlich. Anonym unmenschlich, feige.

Wozu, wozu?

Ja, und alle wissen es besser. Ob das so ist? Habe da so manche Zweifel. Es ist mir auch egal.

DENN WESENTLICH IST, WAS ICH SELBER MACHE.

Johannes Rehmet

Ist ein Dichter und ein Reisender. Er verbringt jede sechs Monate in einem anderen europäischen

Staat, beobachtet Menschen, ihre Angewohnhei-
ten und Lebensweisen, schreibt darüber und zeiht
dann weiter zu einem anderen Ort. Die Themen
schöpft er aus der Flüchtigkeit des Augenblicks.
Seine kurzen Gedichte sind leicht und verspielt,
voller unerwarteter Wendungen, pointiert, ganz
und gar unprätentiös. Die Corona-Zeit verbrachte
Johannes in Berlin-Steglitz.

Rezept

„Zerreiß deine Pläne. Sei klug
und halte dich an Wunder.
Sie sind lang schon verzeichnet
im großen Plan.
Jage die Ängste fort
und die Angst vor den Ängsten.“

Mascha Kaléko

***

Auf einmal war er da:
ein Ausnahmezustand, den wir uns so wohl alle
nicht haben vorstellen können.
Etwas, was wir noch nie erlebt haben ...
Wie soll man darauf reagieren?
Corona war bislang eine mexikanische Biermarke
für mich, verbunden mit einem Limettenritual.
Nun bekam dieses Wort plötzlich eine völlig neue
Bedeutung.
Ein Virus hielt und hält die Welt in Atem ...
Ziemlich schnell wurde mir klar, dass erstmal
nichts mehr so bleiben würde, wie wir es über
Jahre gewohnt waren ...
Pause vom Leben, wie wir es kannten!
Sehr bald wurde deutlich, wie schwer es uns fällt,
planlos zu sein - zu sehr sind wir sonst damit be-

schäftigt, uns auf alle Eventualitäten vorzubereiten, um nur ja keine Unsicherheiten spüren zu müssen.

Doch was lässt sich schon planen?

Das wird uns nun umso bewusster, je mehr wir versuchen, Ordnung und Struktur in dieses Chaos zu bringen.

Auch ich entwickelte Routinen, die mir helfen sollten, durch diese Zeit zu kommen.

Mein Tagesablauf veränderte sich - als freiberuflicher Coach in der Erwachsenenbildung konnte ich einen großen Teil meiner Arbeit online erledigen, was zwar eine Umstellung, aber glücklicherweise machbar war.

Und ich ahnte, dass dies auch eine große Chance für mich bot …

Ich strukturierte meinen Tag völlig um, denn ich wollte diese neue Situation für viele Projekte nutzen, die schon lange auf ihre Umsetzung warteten …

Kreativ sein, in meine Bilderwelt eintauchen, Collagen machen, mich den Bücherstapeln widmen, mich für ein Online-Studium einschreiben, Tagträumen, und ohne den permanenten Druck der Selbstoptimierung, den wir sonst so oft verspüren, einfach mal in Ruhe darüber nachdenken, wie es mir eigentlich geht in meinem Leben.

Viele Fragen drängten sich mir auf, und dann habe ich mich entschieden zu vertrauen - dem Leben und vor allen Dingen mir selbst!

Zeitgleich begann ich, täglich auf langen Spaziergängen meine nähere Umgebung zu erkunden.

Alles, was mir sonst wichtig war, was als visuelles Futter und Inspiration diente (Galerien, Museen, Cafés und Restaurants, Kinos, Theater, Konzerte), war geschlossen.

Aber die Straßen sind immer offen und machten meine urbanen Streifzüge möglich.

Ich war auch vorher schon eine leidenschaftliche städtische Spaziergängerin, bin gerne flaniert...

Ohne bestimmtes Ziel umhergeschlendert ... bin allein losgegangen und mit neuen Ideen und Gedanken zurückgekommen.

Aber jetzt fühlte es sich anders an - ich liebte es, mit einem völlig veränderten Blick Fremdes zu entdecken auf Wegen und Straßen, die ich schon so oft entlanggegangen war ... Eine Fensterdekoration, die mir vorher noch nicht aufgefallen war, Details an einer Häuserfassade, ein unbemerkter Hinterhof und Skurrilitäten am Straßenrand ... das Besondere befindet sich ja oft direkt vor uns, wenn wir bereit sind, uns mal treiben zu lassen, vielleicht auch hin und wieder vom üblichen Weg abzukommen.

Meine Wahrnehmung wurde eine andere, und ich begann, viele meiner Eindrücke mit der Kamera festzuhalten.

So sind Hunderte von Fotos entstanden ...

Durch die Linse achtete ich noch mehr auf Details - ich bemerkte Schönes und weniger Schönes.

Ich sah, wie Berlin sich wandelte in den verschiedenen Jahreszeiten, die täglichen Spaziergänge

wurden zu einer Gewohnheit, nicht mehr weg-
zudenken.

Ich fand meine ganz persönlichen „magic places",
die mir Kraft gaben.

Und diese Kraft war dringend nötig...

Ich kam zwar sehr gut mit mir allein zurecht, denn
ich habe schon immer auch den Rückzug gebraucht
und fühle mich mit mir in bester Gesellschaft. Ich
scheue nicht die Auseinandersetzung mit meinen
Gedanken und Gefühlen, die sich dann ihren Weg
an die Oberfläche bahnen ...

Im Gegenteil, ich suche diese Zustände oft und
kann in meiner 'Solitude' wieder Energie tanken,
um dann weiterzugehen ...

Doch normalerweise achtete ich auf eine Balance und bekam auch viel Input von außen bei
Begegnungen mit den mir lieben und wichtigen
Menschen oder bei meinen regelmäßigen Ausflügen
in das kulturelle Leben Berlins.

All das fiel plötzlich weg, und ich ahnte, dass
ich mich möglichst schnell und gut an diese neue
Herausforderung anpassen wollte, um verändert
(denn das hat das letzte Jahr mich auf jeden Fall),
aber möglichst nicht allzu beschädigt aus dieser
Situation herauszugehen.

Meine Sichtweise auf vieles hat sich verändert,
Prioritäten haben sich verschoben, die Beziehung
zu einigen Kontakten ist eine andere geworden.
Manch eine Freundschaft hat sich verfestigt, aber
es gab auch Abschiede, wenn klar wurde, dass wir
nicht mehr gemeinsam in eine Richtung blicken.

Es gibt keine Gewissheit, alles kann sich von jetzt auf gleich wandeln …

Das kann Angst machen, aber auch Mut …

Mut, Dinge in Angriff zu nehmen, die man immer aufgeschoben hat, die aber gelebt werden wollen.

So war und ist es für mich eine ganz wertvolle Zeit!

Das ist natürlich nur meine ganz persönliche Sicht der Dinge.

Mir war und ist immer bewusst, dass ich mich glücklich schätzen kann, so viele Möglichkeiten zu haben … Das Virus trifft nicht alle gleich!

Es gibt einen globalen Verteilungskampf, Fragen nach Solidarität und Perspektiven werden neu gestellt. Das betrifft viele Menschen …

Ich hingegen konnte trotz aller Schwierigkeiten bei der Bekämpfung des Virus, hier in Berlin und der Dauerablenkung durch dieses Thema, darauf hoffen, mit der nötigen Selbstverantwortung, einigermaßen sicher durch diese Pandemie zu kommen und mich freuen auf wieder mehr Leichtigkeit und Spontaneität im Alltag und neue Ansätze für die Zukunft, denn vielleicht war das alte 'Normal' gar nicht so normal …

Eine Krise zeigt uns nicht direkt, wohin es geht, aber sie zeigt uns deutlich, dass es so nicht mehr weitergeht.

Liegt hier nicht auch die Chance zur Umgestaltung?

Ich denke nicht, dass die Pandemie die Menschen grundsätzlich verändert.

Aber wir können uns verbessern und immer wieder dazulernen ... Lichtblicke ...
Es ist eine Frage der inneren Freiheit!

Sirie King
Berlinerin – passionierte Flaneuse – neugierige Beobachterin, Geschichtensammlerin
https://www.facebook.com/sirie.king

A French Sandwich

Special of the day
 Keep your distance apart
 But PLEASE, send some LOVE,
 But PLEASE, shine BRIGHT,
 But PLEASE continue to SMILE.
 Even 1,5 meters apart you can
touch someone's heart.

Before the Storm
Let's get the fuck out of here!
Yes, you hear me.
There's no time for politeness anymore.
My heart can no longer tolerate our world.
The way human live, connect and build is
guided by self-interest, power and fear.
 I am rage, I am fire, I am ready.
 Let's get the fuck out of here!
 For the ones who no longer fit.
 Be brave!
 Our conditioning keeps us locked in.
 But there is a world behind the world.
 A world accessible to the ones who are awake,
the ones who walk their eyes open wide.
 Let's get the fuck out of here!
 I thought I could help, I thought I
could transform from the inside.
 I was wrong.

This is why I am getting out of here so that I can take care of your souls from the outside.

So... I am getting out of here.

Crazy? Probably but my heart will be at peace.

Crazy? I don't really care what you think.

You tell me I am crazy... Who's really crazy I ask YOU.

I beg you to look closer...

Who's crazy?

The Robots? Metro, Boulot, Dodo and Propaganda

The Freedom Seekers? Love, peace, life and art

Look, look, look!

But please be mindful. They always reverse the perspective, so the Robots are people of the earth and the freedom. Seekers are crazy fools.

You tell me now I am lucky...

Lucky? Ohhh yes, lucky. Lucky to be able to create my world.

Lucky to be able to follow my dreams and trust the universe to provide me with what I need.

Lucky to finally live my life.

I am 35 years old and I am taking control.

Let's get the fuck out of here!

Come with me!

We will find each other in this life, and we will build together, we will create our own heaven and write our own story.

Let's get the fuck out of here!

Because at the end of their hunger game there will be only one simple equation left.

0+000=0
So, I am asking you.
Why stay in the game?
Why not start a new game with no other
rules than respect, love and kindness?
It doesn't sound so difficult, doesn't it?

Trees are making fun of us
A little rainbow on the ground.
I am a colorful baby pine tree.
I grow up in Corona forest in Tenerife.
Corona forest... I know ...
Funny, not funny...
You were just passing, driving your car,
I felt you ... I felt you were coming ...
I had to make you stop here.
You had to meet me.
I have a message from the Gods for you.
Can't you see?
Humans... What is going on?
Corona! The crown!
Where are your crowns?
Oh... I think I know... You
think you have no crowns.
During thousands of years they have
tried to take it away from you.
Religion, money, power, mar-
keting, technology,
More and more addictions,
Always more, always outside.
But let me ask you something...

What if the Gods have sent you this to
shake you up people of the Earth?
What if the Gods want you to
stay inside for a while ...?
Pause,
Reflect,
Rethink,
There must be another way.
What if the Universe asks you to do just this?
I am only a baby rainbow tree, but I
know the truth of the Universe.
What if it was time for all the humans
on this earth to take back their crowns?
Well... technically no one re-
ally took them away from you.
I know you don't really feel it but ...
They only gave you distractions.
They only told you to seek outside.
The crown is inside...
In the center of your heads.

Le soleil levant...
While the sun rises in the early morning, I slowly rise with Him,
Him, red, fire, energy, ready to light
another day on planet earth.
It's a real honor to be here in front of
this magnificence of the universe,
It's a real honor to be here and learn from
the Master how to honor my own universe ...

Like the rest of the world I'm locked
down in my 4 walls, my mind, my
ego, my body and my spirit...
Like the rest of the world in quarantine and
isolation... I have to slow down, contem-
plate and surrender to my own Universe...
While the rest of us rise, the sun
slowly rises in the early morning,
Like the rest of us, he is red, fire, energy,
Ready to light another day on planet earth.
We are the sun, we are the universe... We just
need to look inside and beyond our 4 walls...

Emilie Viallon

I am Emilie. I am a 35 years old French woman who dreams about making the world a better place, through my words and my day job I try to bring harmony, peace and love to anyone who crosses my path. Kundalini yoga practitioner and healer, I believe that everyone can be happy and aligned with their highest destiny."

Mit beiden Beinen auf dem Boden bleiben – Coronatagebuch einer alleinerziehenden Mutter

17.2.2021, 7.15 Uhr: Guten Morgen! Ein neuer Tag beginnt. Ich bin seit über einer Stunde wach, mache jetzt Frühstück für meine drei Kinder plus zwei Freunde von ihnen, die alle noch selig pennen. Übermorgen kommt noch ein anderes Kind dazu, dessen Eltern kapituliert haben und es in die Psychiatrie stecken wollen.

Dann gleich alle wecken und zur Heimbeschulung motivieren, der soundsovielte Tag. Keiner hat Bock. Inzwischen mutet das, was die Lehrer an Aufgaben aufgeben, auch immer mehr wie Beschäftigungstherapie an. Nebenbei läuft mein PC für das Heimbüro und meine tägliche Hoffnung, es mögen möglichst wenig Leute anrufen und mich mit „ihrem Scheiß" belästigen.

Nachher habe ich mit meiner kleinsten Tochter Halbjahresgespräch bei ihrem Lehrer. Der ist wenigstens cool: Er macht Lagerfeuer in seinem Garten, und wir kommen nacheinander mit unseren Kindern hin. Man sieht sich in echt. Ich habe ohnehin meine Kleinste aus der Digitalbeschulung genommen: Schon von Anfang an lernt sie Schreiben von mir, Rechnen von den großen Geschwistern und Lesen von Oma am Telefon, indem sie ihr jeden Tag ein

Kapitel aus ihrem Pferdebuch vorliest ... Ich weiß gar nicht, ob das jemanden hier interessiert. Wenn ja, würde ich mir erlauben, jeden Tag ein bisschen zu schreiben.

Es ist ein Drama, was hier an dieser Front gerade passiert. Und obwohl ich zu denen gehöre, die es, in Anbetracht der Umstände, eigentlich ganz gut hinbekommen, gibt es auch bei mir Tage, an denen ich nicht mehr kann, an denen ich kapitulieren möchte. Ich habe wunderbare Kinder, die mich dann wiederaufrichten. Obwohl ich diejenige bin, die ihnen abends die Medien wegnimmt, damit sie nicht endlos zocken, finden sich hier auch immer wieder Besuchskinder ein, deren Eltern zum Teil schon aufgegeben haben.

Obwohl wir zusammenhalten, und ich glaube, ich gebe meinen Kindern Sicherheit trotz (oder gerade wegen) meiner Ehrlichkeit, frage ich mich: Wie lange halte ich das noch durch? Die Verantwortung ist enorm, ja die Kinder wachsen gerade gewaltig, aber wir sind doch keine Insel.... Ich muss jetzt weitermachen. Guten Morgen nochmal und macht's jetzt gut. Hat hier eigentlich noch jemand schulpflichtige Kinder?

18.2.2021, 7.30 Uhr: Danke für eure Rückmeldungen. Ich versuche mal, ein bisschen darauf einzugehen. Es ist ja so, dass ich schon wieder seit ca. einer Stunde arbeite, nebenbei Haushalt, Wäsche, Frühstück mache, und die Kleine ist auch schon seit einer Weile wach und will meine Aufmerksamkeit.

Im Grunde habe ich den Eindruck, dass meine Kinder durch den Lockdown und die Ausnahmesituation insgesamt eher gestärkt werden. Sie kriegen aber von mir auch eine ganz klare Beschallung geliefert, die da heißt: Macht die Augen auf, denkt selber! Ich schere mich möglichst wenig um die Restriktionen und mache mich über den ganzen Maskenquatsch im Alltag und vor allem an der frischen Luft lustig.

Ich arbeite schon länger im Gesundheitswesen, da kenne ich mich aus mit der professionellen Maskennutzung und auch in Sachen Hygiene muss sich unsereins nicht von einem Bankkaufmann und seinem Gefolge belehren lassen. Das sind Dinge, die uns schon lange in Fleisch und Blut übergegangen sind, ohne dass wir das Maß verloren oder unseren gesunden Menschenverstand abgegeben haben.

Ich habe ja immerhin auch noch ein Stück DDR erlebt und von der Erfahrung profitiere ich (und damit meine Kinder) gerade gewaltig.

Also mein Sohn trifft sich mit seinen Freunden, die hier auch übernachten oder er bei ihnen, und meine kleine Tochter verabrede ich fast jeden Tag mit anderen Kindern. Sorgen mache ich mir im Moment um die Große, die sich tatsächlich zurückzieht und den Ernst unserer gesellschaftlichen Lage ziemlich genau erfasst. Der fehlen leider etwas die Gleichgesinnten.

Bei meiner Kleinen ist kürzlich ein Kind im Freundeskreis tödlich verunglückt, da ist sie ziemlich nah dran und das nimmt uns alle sehr mit.

Es ist schon krass, was gerade los ist, aber wir rücken zusammen. Die Kinder schlafen im Moment alle meistens bei mir, das heißt, immer dann, wenn sie gerade keinen Besuch haben. Das nimmt Ängste und Sorgen.

Ja, und ich lechze meinen freien Tagen entgegen, das ist für mich tatsächlich der große Ausgleich.

19.2.2021, 7.30 Uhr: Guten Morgen, hab eben schon mal angefangen, die Wäsche zu waschen und freue mich, dass Freitag ist. Andererseits frage ich mich, was ich am Wochenende tun kann. Jetzt ist ja leider der Schnee weggetaut und das Eis geschmolzen, sodass Rausgehen und Spielen oder Abhängen – die einzig legale Beschäftigung – och keenen Reiz mehr hat. Wo könnte man denn jetzt gut hinfahren für einen kleinen Ausflug zu einem Natur- oder Kulturdenkmal in die Umgebung? Nehme Ideen gerne an, hab selber im Moment nix mehr im Kopf.

Gerade ist die Freundin meiner Tochter, die in die Psychiatrie soll, hier bei uns. Ich kenne das Mädchen, seit sie Baby ist: nett und ein bisschen zu lieb für die Welt, Eltern getrennt, sie und ihre Schwester seit Jahren im Wechselmodell, haben demnach kein richtiges Zuhause. Die Mutter ist sehr raumgreifend und ichbezogen, ist aber eigentlich selbst nur unsicher und liebesbedürftig. Der Vater sieht im Prinzip klar, ist aber leider sehr schwach. Man muss die Herkunft sehen: Er kommt aus nahezu asozialen Verhältnissen, und dafür hat er viel erreicht. Aber leider sieht er nicht, wie wichtig er für das Mädchen wäre und somit hängt sie in der Luft.

Übrigens die gleiche Situation wie bei uns, nur genau umgekehrt: Eltern getrennt, ein Elternteil links, eins rechts.

Ich war übrigens mit dem Mädchen, ihrem Vater und meiner großen Tochter im August auf der großen Demo Die Mädchen wollten gern mitkommen. Das war sehr eindrucksvoll für sie, O-Ton: wie ein Festival. Und sie haben sich vor die Polizeiabsperrung gestellt und den Antifas, die uns hasserfüllt als „Nazis" beschimpft haben und am liebsten vernichtet hätten, Herzchen gezeigt. Lebendiger Politikunterricht! Ich brauchte nichts mehr dazu zu sagen, ebenso wenig dazu, was die Medien von der Demo und den Teilnehmern berichtet haben und wie weit das von der Wahrheit entfernt war: Sie waren dabei.

Gestern waren sie fröhlich. Ich bin froh darüber, denn die Schwere lastet schon ganz schön stark auf ihnen. Sie waren abends noch draußen, und ich habe ihnen keine Zeit gesetzt, wann sie nach Hause kommen sollten, sondern mich schlafen gelegt in der Hoffnung, dass ihre gute Stimmung anhält und sie sie solange es geht genießen mögen. Alles gut, sie haben es nicht ausgenutzt, und auch keine Polizei, kein Ordnungsamt oder irgendwelche merkwürdigen Typen haben sie aufgegabelt. Jetzt schlafen sie noch, gleich muss ich die ganze Truppe wecken, und das übliche Programm nimmt seinen Lauf. Heute gibt's Grießbrei zum Frühstück.

20.2.2021, 8.30 Uhr: Ein bisschen Tagebuch muss sein. Wochenende, juchu! Die selbstgesetzte und den Kindern aufgesetzte strenge Tagesstrukturierung kann endlich mal fallengelassen werden, Raum zum Abhängen - wie angenehm. Andererseits steht die bange Frage: Was tun in diesen irrsinnigen Schließ- und Regelzeiten, wo kein Schwimmbad offen haben darf, im Tierpark jeder ab sechs Jahren auch draußen mit Maske rumlaufen muss und normale Treffen unter Freunden wegen der Hygiene sowieso verboten sind? Da schlägt die Spontaneität schnell in Langeweile um und diese wiederum zum Griff zu den naheliegenden Medien.

Für heute haben wir uns deshalb vorgenommen, uns unseren Pflanzen und Tieren zu widmen: Wir wollen Saatgut bestellen und aus dem selbstgeernteten vom letzten Herbst anfangen, für die neue Gartensaison vorzuziehen. Dann den Hühnerstall saubermachen, und unsere Hennen sollen neue Kolleginnen bekommen. Wir müssen nachher mal Kontakt zum Züchter aufnehmen.

Ein bisschen Schule muss dann doch auch am Samstag sein, zumindest ein bis zwei Stunden für die beiden Großen, auch wenn es sie ankotzt. Unsere Vereinbarung ist, dass sie in den Fächern, wo die Lücken besonders groß sind, etwas machen sollen. Dabei finde ich die Lücken, die der Lehrplan ohnehin schon aufweist, viel gravierender und besorgniserregender als das, was jetzt durch den Schulausfall noch hinzukommt. Dem einseitigen Geschichtsunterricht mit ideologischer Schlagseite und der schulischen Gleichgültigkeit gegenüber der Muttersprache, welche nur plötzlich für das aufgezwungene Genderisieren interessant wird, trete ich gerade mit Samstagsdiktat zur Wurzellehre – zurzeit ist das die Völkerwanderung der germanischen Stämme – entgegen. Das wird noch ordentlich Protest geben. Sei's drum, wenn es ihnen niemand beibringt, muss ich es eben tun.

22.2.2021, 6.00 Uhr: Guten Morgen, alles schläft mal wieder, noch. Auf eine gewisse Art genieße ich diese morgendliche Stunde mit ihrer Stille, und wenn ich weiß, dass ich meine Ruhe habe. Allerdings bin ich heute tatsächlich vorzeitig wach geworden mit der angeschmissenen Gedankenmaschine und dem Satz im Kopf: Wir sind verloren. Ich bin ja bereit, viel zu ertragen, auch wenn ich mich dagegen auflehne und widerspreche, so halte ich ja doch aus. Aber dass wir von innen heraus so zerstört werden, macht mich unendlich traurig, denn ich weiß nicht, wie ich das aushalten soll.

Gestern hatte ich noch Besuch von zwei anderen Müttern aus der Schule, Altersstufe meines Sohnes. An sich mag ich die beiden Frauen sehr gern. Es sind auch beides welche, die durchaus nicht alles annehmen, ohne es zu hinterfragen, und so haben wir erstmal eine ganze Weile über die Schule gemeckert und über die Lehrer, die uns allen dreien zunehmend hilflos und überfordert wirken und die ihren Frust mehr und mehr an den Kindern, insbesondere den Jungs, auslassen, indem sie sie bei Kleinigkeiten rundmachen oder ungerecht behandeln. Ich für meinen Teil übe mit den Kindern anhand dieser Vorkommnisse das Kapitel: „Wie leiste ich gekonnt Widerstand?" Dazu aber an anderer Stelle mehr.

Nun, wie Mütter so sind, insbesondere wenn jemand ihre Söhne angreift: Wir stellen uns vor sie. Darin waren wir uns alle einig, ebenso bei unserer Ablehnung der Corona-Maßnahmen. Ich witterte schon Morgenluft, vor allem, weil die eine bis vor Kurzem noch nicht so geredet hatte, aber offenbar durch ihre eigene unmittelbare berufliche Betroffenheit die Dinge nun etwas anders sah, da kam es: Wenn man an das viele Geld denkt, das verschleudert wird und dann an die armen Flüchtlinge, bei denen sich so angestellt wird, ein paar von denen hier aufzunehmen.... Wieder der Augenblick, in dem ich fast vom Stuhl gefallen wäre, der Bruch im Kopf. Ich begreife es einfach nicht, mit welchem Bild, welchen Vorstellungen diese Leute, die, wie gesagt, schon kritisch sind, durch die Gegend rennen. Ich will nicht verzweifeln, aber das sind die Momente, wo ich denke: Es ist alles verloren. Kleine, unspektakuläre Momente sind das.

Meine allabendliche Besprechung mit den Kindern hat mich dann nochmal sehr berührt: zum einen, wie gut sie schon mitdenken und durchblicken, zum anderen aber auch, wie resigniert sie sind.

Ab heute gibt es eine Neuerung: Die Kleine (2. Klasse) hat wieder Schule in der Schule, also tage-

und stundenweiser Präsenzunterricht im Wechsel. Totaler Irrsinn aus infektionspräventiologischer Sicht, egal, ich denke da nicht drüber nach. Logistisch jedenfalls ist es eine neue Herausforderung, denn ihr Fahrrad und das ihres Bruders sind neulich gestohlen worden. Also wieder Hol- und Bringdienst zu ständig wechselnden Zeiten im Tagesablauf implementieren.

Nun müssen die Erst- und Zweitklässler jedenfalls auch Maske im Unterricht tragen, wie ich gestern erfuhr. Vorher galt das für die Kleinsten nur auf den Fluren und in den Pausen. Ich wollte der Kleinen nun eine Maskenbefreiung schreiben, die Großen meinten aber, lieber nicht, das würden sie nicht aushalten, den Druck, ständig darauf angesprochen zu werden und sich rechtfertigen zu müssen. Sogar große Schüler mit Attesten hätten wegen des sozialen Drucks aufgegeben.

Der Klassenlehrer der Kleinen versprach mir dann, dass er ganz viel lüften werde und dass die Masken bestimmt öfters runterfallen, das tun sie bei allen Kindern, oft sogar. Und beim Lüften noch mehr. Und er könne da nicht ständig hinterher sein, dass alles immer ordentlich sitzt, Sie verstehen? Ja, ich verstehe und danke dem lieben Gott für diesen Lehrer, der seine ihm anvertrauten Kinder schützt. Was für ein Glück, dass ausgerechnet die Kleinste, wo das am wichtigsten ist, wem man ausgeliefert ist, diesen Lehrer erwischt hat. Da sieht es bei meinem Sohn anders aus, aber der hat zum Glück seine Freunde. Nun, mit Blick aufs

Positive versuche ich dann mal, in die neue Woche zu starten.

23.2.2021, 7.30 Uhr: Guten Morgen, ich bin generell kein Freund von Montagen, und der gestrige war auch wieder einigermaßen voll und chaotisch. Das Auto hat sich verabschiedet und das gleich morgens früh, als ich die Kleine zur Schule bringen und dann zur Arbeit fahren wollte. Also wieder nach Hause, das uralte Fahrrad, das ihr viel zu klein ist und dessen Kette dauernd abspringt, aus dem Keller vorgezerrt und dann doch zur Schule geradelt. Vergessen, das Mittagessen anzumelden. Mist, zu spät. Maske vergessen. Kind in Sorge wegen Anschiss: Sie müsse sich jetzt im Sekretariat melden und dort bekäme sie zwar eine, würde aber gleichzeitig auf eine Liste gesetzt werden, wo die Maskenvergesser raufkämen, und sie hätte doch schon so oft...Mann, Mann, Mann – ein Fall für Mama, vor allem, da ich eh schon auf hundertachtzig war: „Du gehst jetzt schon mal schön in deine Klasse, und ich kläre das." Zuspätkommen interessiert niemanden mehr, nur noch die Drecksdekomaske.

Es ist schon widerlich, wenn man durch eine Grundschule läuft, und die Kinder, die einem entgegenkommen, haben alle einen Vorhang im Gesicht hängen oder einen Korb oder was auch immer für unangenehme Assoziationen sich einem bei dieser Zwangsmaskerade der Kinder aufdrängen. Vor allem für nichts und wieder nichts. Entsprechend erleichtert war ich dann, als ich nach meinem Sekretariatsgang das Klassenzimmer meiner Tochter erreichte, die Tür öffnete und sich mir ein wirklich warmherziges Bild bot: Alle Kinder saßen oder lagen im Kreis auf dem Fußboden beieinander und feierten ihr Wiedersehen, wobei keiner eine Maske aufhatte.

Leider habe ich mich dann auf dem Rückweg noch mit meinem Fahrrad hingeworfen. Hab mich aber zum Glück sensationell gut abgefangen, sodass die Hand zwar etwas mehr wehtut als vorher, ich aber ansonsten heilgeblieben bin.

Die beiden Großen haben sich weiter durch ihren Distanzunterricht geschleppt und ich mich durch die Arbeit.

Habe abends von einem Bekannten noch Starthilfe für das Auto bekommen – es war tatsächlich wieder die Batterie, die schon arg schwächelt. Nun hoffe ich inständig, dass sie heute Morgen nicht wieder leer ist. Ich brauche dringend eine neue und vor allem brauchen wir Ersatz für die zwei geklauten Kinderfahrräder. Und neue Turnschuhe benötigt die Kleine auch unbedingt, aus ihren alten ist sie schon wieder rausgewachsen. Nur sind Schuhläden leider nicht systemrelevant, aber bei Internetbestellungen liegen wir regelmäßig mit den Schuhgrößen daneben, sodass das da keine gute Option ist. Jetzt aber erstmal die Tiere füttern und dann Frühstück auf den Tisch.

24.2.2021, 7.15 Uhr: Guten Morgen, gestern war heftig, da ist das Zoom-Elterngespräch bei meinem Sohn gegen die Wand gefahren, und wir haben es abgebrochen, weil mir das zu viele Vorwürfe auf einmal gegen mein Kind waren.

Er und sein Freund entwickeln sich eh gerade zu den Sündenböcken. Seine Klassenleiterin ist auch schwierig: frisch von der Uni ist es ihr Ziel, Kinder zu prägen (meinen kriegste dafür nich), ist hochengagiert, sehr idealistisch, redet unglaublich viel, sodass er immer gar nicht weiß, was sie eigentlich von ihm will, kommt aber schnell an ihre Grenzen, wenn sie sich mit realen Schülern und ihren Problemen auseinandersetzen muss, gerade solchen, die keinen Bock auf ihr Geschwafel haben. Fehlt nur noch die FDJ-Bluse.

Mein Sohn und sein Freund tun dann das, was die Lehrerin am meisten auf die Palme bringt: Sie gehen in den Verweigerungsmodus. Ich kann ihn verstehen, allerdings sitzt er am kürzeren Hebel und verbaut sich gerade eine Menge. Nun versuchen sie, ihn und seinen Freund auseinanderzutreiben, indem sie uns erzählen, der andere Junge würde unserem Sohn nicht guttun und hätte einen schlechten Einfluss auf ihn. Dabei ignorieren sie, dass wir Eltern dieses Spaltungsansinnen schon mehrmals abgelehnt haben (ich kenne den anderen Jungen, seit er Baby ist und die Eltern sind stabil - da werden wir uns doch nicht spalten lassen).

Ich habe den Jungs versucht zu erklären, dass sie es vielleicht so sehen sollen: Sie wissen - und das sage ich ihnen auch gern immer wieder - dass sie schlauer sind als ihre Lehrerin, nur dürfen sie sie das nicht merken lassen. Sie müssen die Höflichkeitsschmiere lernen und anwenden, sonst werden sie den Kürzeren ziehen. Im Grunde haben sie die Lehrerin doch schon in die Tasche gesteckt, aber sie dürfen es ihr nicht ständig zeigen, weil sie sich sonst nur selbst blockieren und alles versauen.

Was bin ich stolz auf meinen Nachwuchsrebellen! Zum Beispiel das: Tag eins der Heimbeschulung: Er saß gemeinsam mit drei Freunden, einer Chipstüte und Musik gemütlich auf unserem Wohnzimmersofa vor dem Laptop im Onlineunterricht. Prompt wurden sie auf die Abstands- und Einfreundregeln angesprochen. Sie gaben zurück: Wir scheißen auf die Regeln! Jepp. Ich hätte sie abknutschen können, aber ich sehe auch die Unsicherheit, die Verwirrung, die Angst, die mein Sohn hat, und das macht ihn so verwundbar.

Die folgende Beschwerdemail an uns Eltern haben wir zum Glück alle ähnlich beantwortet: Die Einfreundhaushaltsregel gilt nicht für Kinder und nicht alle haben einen stets und ständig funktionierenden Laptop für sich allein zur Verfügung. Im Übrigen arbeiten wir Eltern systemrelevant und damit außer Haus. Wir sind froh, dass unsere Kinder so gut allein zu Hause klarkommen und sind stolz, dass sie füreinander sorgen. Das war noch vor Weihnachten, jetzt haben wir schon fast März und mein Sohn leidet echt unter der Digitalbeschulung. Der ist so ein Draußenkind.

Übermorgen erfolgt nun die Fortsetzung des gescheiterten Elternzooms - unter Hinzuziehung einer weiteren pädagogischen Kraft - ich bin mal gespannt. Wenn die immer weiter aufstocken, dann können wir das auch - hab gestern Abend schon mit der Mutter des Freundes telefoniert, die den Überblick über die Aufgaben und die Nachhilfe für die Jungs übernommen hat.

Ich fühle mich gerade an meine eigene Schulzeit erinnert, wo ich auch ein paar aufmüpfige Freunde hatte, und dann wurden die Eltern vorgeladen. Die sind dann auch aufgestanden und gegangen, da nicht abgesprochen war, dass das ein Tribunal werden sollte und sie das nicht mitmachen würden. Wendezeit war das. Abends haben wir uns auf der Demo wiedergetroffen...

Zum Glück sind jetzt der Vater und ich uns einig, dass wir hinter unserem Sohn stehen. Trotz Scheidungskrieg und ideologischer Verblendung ist ihm sein Kind wichtiger, juchu! Ich habe ihn dann gestern gleich noch gebeten, mit ihm zu reden und bin froh, dass er es abends auch noch gemacht hat, denn Vaters Meinung und vor allem sein Rückhalt sind in dem Fall, glaub ich, noch wichtiger als Mamas, die ja eh schon immer über die Lehrerin lästert.

1.3.2021, 6.30 Uhr: Guten Morgen, mal wieder Montag, und ich frage mich: woher die Motivation nehmen? Meine Kinder schlafen noch, ich werde gleich die Waschmaschine anschmeißen und den Geschirrspüler ausräumen und dabei versuchen, in Gang zu kommen. Wir haben keine Pläne für die nächsten Wochen und Monate bzw., wenn wir welche schmieden, dann wissen wir überhaupt nicht, ob das realistisch ist. Gut durch den Tag zu kommen, das ist zurzeit mein großes Ziel, maximal bis ans Ende der Woche denken. Alles andere bringt nichts und wird eh wieder über den Haufen geworfen in Zeiten, wo wir noch nicht mal mehr wissen, ob wir noch im eigenen Land, vielleicht an der Ostsee, Oster- oder gar Sommerurlaub machen dürfen.

Bald haben meine Töchter Geburtstag und das ist dann ihr zweiter Geburtstag im Lockdown. Die Kleine weiß gar nicht mehr, wie es eigentlich ist, „normal" Geburtstag zu haben und nicht heimlich feiern zu müssen. Und der Großen fehlen die Leute, die sich trauen würden, mit ihr eine Party zu machen. Es ist doch absurd, Kindergeburtstage sind was Verbotenes!

Letztes Jahr waren die Leute ja noch fast euphorisch, als der Lockdown begann und meine Kleine das erste Kind hier im Wohnblock war, das unter diesen Umständen Geburtstag hatte. Da gab es unglaublich viel Mitgefühl: Die Nachbarn haben Geschenke vor die Tür gelegt, Luftballons aus den Fenstern gelassen und „Happy Birthday" gesungen. Ich hatte dann doch noch Kuchen gebacken und zumindest die Nachbarskinder und ihre Mütter sind am Nachmittag bei uns auf der Terrasse zusammengekommen.

Ich erinnere mich noch genau an das merkwürdige Gefühl, plötzlich illegal mit unseren Kaffeetassen dazusitzen und die Unsicherheit, ob wir nun tatsächlich mit den Stühlen weiter auseinanderrücken müssen oder nicht. Damals gab es ja noch keine Maskenpflicht, weil es viel zu wenige Masken gab und das Maskendogma dementsprechend noch nicht aufgestellt worden war. Wir haben darüber geredet, ob es Sinn macht, sich selbst Masken zu basteln, z.B. aus Küchenrolle und Küchengummi oder ob das Quatsch ist. Eine Nachbarin meinte noch, es ist das Wichtigste, dass wir großzügig miteinander umgehen, dass wir verzeihen, wenn die Nerven blank liegen.

Jetzt ein Jahr später, haben sich die Nachbarn kaum mehr was zu sagen. Oder vielmehr, man versucht zu sondieren, wer wie tickt, und es werden zügig Allianzen gebildet oder Abgrenzungen. Obwohl nichts vorgefallen ist, herrscht ein kaum wahrnehmbares, unterschwelliges Misstrauen. Ich weiß ja auch nicht, ob ich nicht verpfiffen werde, wenn ich in meiner Wohnung mit mehr als nur einer haushaltsfremden Person laut lache. Ich glaube es zwar eigentlich nicht, aber hundertprozentig sicher kann sich niemand sein.

Sicher bin ich mir aber, dass dieses Jahr niemandem der Geburtstag meiner kleinen Tochter auffallen wird. Dafür hatten schon zu viele Kinder in diesen Schließzeiten Geburtstag und jeder macht inzwischen das Seine. Das Gemeinschaftsgefühl hat rapide abgenommen. Es geht mir ja nicht anders: Ich suche mir meine Leute gezielt aus und treffe mich nur mit welchen, denen ich vertraue.

Aber dafür werden wir ihr dieses Jahr einen echten Kindergeburtstag, den sie sich so sehr wünscht, ausrichten – und wenn wir dafür in den Wald müssen. Darüber bin ich mir zum Glück mit dem Vater einig. Und sie hat durch ihre kontinuierlichen Treffen mit ihren Schulfreunden, mit denen sie zwar wegen der Schulschließungen kaum Zeit in der Schule zusammen verbracht hat, dafür aber während der gesamten Schließungszeiten außerhalb – denn die Treffen habe ich ihr aktiv rechtsbrechend ermöglicht – genug soziale Kontakte, das heißt, Kinder zum Einladen.

2.3., 7.00 Uhr: Gestern Abend war ich fertig. Heute Morgen geht es wieder, ich hoffe, ich habe für ein paar weitere Tage die Kurve gekriegt. Nicht nachdenken, aufstehen, weitergehen. Mehr kriechen als gehen. Ich versuche, mich im Großen wie im Kleinen an das Motto: „Die Kunst ist es, einmal mehr aufzustehen als hinzufallen" zu halten oder aufs Wesentliche heruntergebrochen: „Lerne hochzukommen!"

Das ist nicht einfach, gerade da wir in den letzten Jahrzehnten, wenn es uns dreckig ging, eigentlich immer nur gelernt haben, Selbstbeschau zu betreiben, in uns hineinzuhorchen, erstmal an uns selbst zu denken und uns selbst Gutes zu tun. Das sind alles keine schlechten Sachen, aber das sind egokonzentrierte Psychorezepte für Luxuszeiten, die jetzt ihren Dienst völlig versagen.

Wir brauchen keinen schlauen Psychologen, der uns erklärt, dass wir unsere Ansprüche an uns herunterschrauben sollten, wenn es für uns Mütter überhaupt gar nicht mehr darum geht, alles perfekt hinzubekommen, sondern nur noch irgendwie das

Wichtigste auf die Reihe zu kriegen. Wenn mir jemand allen Ernstes mit allwissender Miene erklärt, ich müsste jetzt mal fünfe gerade sein lassen und mich erstmal nur um mich kümmern, dann werde ich eigentlich nur noch wütend angesichts solcher Weltfremdheit. „Ja und die Kinder? Wer kümmert sich um die Kinder???" Schweigen. Die Arbeit vernachlässige ich schon lange, aber die Kinder, das geht nicht.

Ich denke, was uns jetzt tatsächlich hilft, ist eben gerade nicht der Fokus auf uns selbst, sondern auf das, was uns umgibt, was uns trägt und hält. Das Netz, das wir gerade erst dabei sind, in Windeseile zu knüpfen oder auch das, wie auch immer geartete, gemeinsame höhere Ziel, das Über-uns-Stehende, der Glaube daran, was uns Kraft und Durchhaltevermögen geben können. Jeden Tag aufs Neue. Dann kann ich auch mal einen Abend verzweifelt sein, grenzenlos demotiviert, mir von meinen Kindern wieder auf die Beine helfen lassen und am nächsten Morgen weitermachen.

Was natürlich nicht heißt, dass ich mir nicht auch mal eine Auszeit wünsche.

3.3.2021: Guten Morgen, hab ja schon über die schulischen Inhalte geschrieben, die die Kinder so vermittelt bekommen. Aber über das Ausmaß bin ich doch immer wieder erschrocken.

Auch so harmlose Fächer wie Fremdsprachen werden inzwischen ideologisch verseucht: In Englisch beschäftigen sie sich nicht mit der englischen oder amerikanischen Lebensart oder gar Geschichte, nein die Schüler werden jetzt mit „Black Lives Matter" indoktriniert. Ich habe ja nichts dagegen, wenn sie auch zu dem Thema was lernen, aber bitte ausgewogen! Und das fehlt völlig.

Die Plünderungszüge, die Gewaltorgien, der menschenverachtende und rassistisch-sozialistische ideologische Unterbau dieser Bewegung werden überhaupt nicht angesprochen. Stattdessen sollen die Schüler ein Referat über den „gerechten Freiheitskampf" der schwarz-bunt-farbigen Sichbenachteiligtfühlenden, die den Hals nicht vollkriegen können, erarbeiten. „All Lives Matter" sei hingegen schon rassistisch, geschweige denn, dass man daran erinnern dürfe, dass auch weiße Leben was zählen, da wir ja durch und durch mit „white privileges" ausgestattet seien.

Man muss sich das mal vorstellen: Wir leben in Europa, der Heimat der weißen Völker, nicht in Amerika. Hierher ist niemand von außerhalb durch Sklaverei zwangsverschleppt worden, alle Einwanderer und ihre Nachfahren sind hier, weil es ihnen besser geht als in ihren Heimatländern, weil sie es also wollen. Statt Integration als Normalzustand anzusehen und von allen Zugewanderten selbstverständlich zu erwarten, wird unseren Kindern hingegen beigebracht, dass a) Multikulti der Normalzustand in unserem Land sei und b), dass sie irgendeine Verpflichtung, ja Schuld gegenüber diesen BLM-Leuten und Konsorten, die sich nicht nur nicht benehmen, sondern uns zerstören wollen, hätten!

Ich hatte meiner Tochter ja im Sommer schon mal ein Video von der kohlrabenschwarzen glühenden Trump-Anhängerin Candace Owen, die natürlich kein Mensch aus ihrer Klasse kennt, zur Erweiterung ihres Englischunterrichts mitgegeben. Und diesmal, wo das Thema nun schon wieder aufgepoppt ist, lasse ich sie einfach großzügig schwänzen. Das sind die Momente, in denen ich denke: Es lebe der Heimunterricht! Meine Tochter ist zum Glück schlau genug, dass sie die Dinge durchschaut und auf den Schuldkultzug, den sie in der Schule entfesselt haben, nicht mit aufspringt. Aber es ist schwer für sie, denn sie steht ziemlich allein da. Es ist deshalb umso wichtiger, dass wir uns zuhause unterhalten. Da brauche ich gar nicht viel zu sagen, außer ihr ein paar erweiterte Infoquellen zu nennen, ansonsten muss ich ihr eigentlich nur den Raum geben, in dem sie sich erlauben darf, die logischen Brüche, die ihr ja selbst auffallen, denn das Mädchen ist schlau, zu Ende zu denken. Ich sage immer zu ihr. „Ich verstehe nicht, warum ihr das alles mit euch machen lasst. Wo bleibt eure verdammte Wut, wenn man euch einredet, dass ihr schlecht seid, weil ihr weiß seid, weil ihr deutsch seid?! Ihr seid die Jugend, ihr müsst doch mal sauer werden und rebellisch! Durchschaut ihr nicht, wie ihr verarscht werdet?" Ich werde dann immer richtig wütend und rege mich auf.

Jedenfalls will sie jetzt doch eine Party zu ihrem Geburtstag machen. Mitten im Lockdown – das gefällt mir. Sie kriegt dafür von mir sturmfrei. Gestern hat sie die Gäste eingeladen: nur Jungs, ihre Freundin und sie, denn die Mädchen seien sonst alle so brav. Sie will also Spaß haben, sehr schön. In Zeiten, wo Jugendliche, die ein bisschen harmlos feiern, schon Widerstand bedeuten, ein guter Anfang.

Schräg dann allerdings schon, als ich mit ihr nicht nur besprochen habe, dass sie die Wohnung hinterher wieder saubermachen, sondern vor allem, wie sie sich verhalten sollen, wenn das Ordnungsamt oder die Polizei kommen: Nicht aufmachen, sondern hinhalten an der Tür, in der Zeit rennen die Gäste über den Garten weg. Mich unbedingt sofort anrufen und umgehend mit Filmen über das Handy beginnen. Ansonsten nichts sagen außer freundlicher Höflichkeitsfloskeln.

Hoffen wir, dass sie ungestört bleiben werden.

4.3.2021, 8.30 Uhr: Die Kleine ist gestern bei den Matheaufgaben zusammengebrochen. Die war emotional durch und hat geweint und geweint. Es ist ja auch blöd: Ich kann mich nie um eine Sache oder ein Kind richtig kümmern, und mir fehlt auch langsam die Kraft und die Energie dafür. Insgesamt hat sie aber deutliche Fortschritte gemacht seit der Heimbeschulung: Wir machen zwar nur lesen, schreiben, rechnen, das aber jeden Tag. Wir müssen uns auf die Erfolge konzentrieren, nicht darauf, dass dieser Ausnahmezustand einfach nicht enden will und so sinnlos ist bzw. vermutlich ganz anderen Zwecken dient als den vorgeblichen.

Für die Kleine ist der Ausnahmezustand ja Normalzustand. Sie hat kaum Schule in ihrem Leben gehabt. Dafür wird sie mit Masken groß, die gehören zu ihrem Leben dazu. Sie hat sich in ihre Maske gestern Löcher geschnitten mit den Worten, dass sie jetzt auch so eine wie ihre Freundin und ihr Lehrer hat.

Zum Glück hat sie diesen Lehrer und Freunde, mit denen sie sich trotz Kontaktsperre trifft. Es gibt sogar Kinder, die haben, obwohl ihre Eltern entspannt mit den Coronaregeln umgehen, dennoch niemanden, weil andere Eltern in ihrer Hypochondrie oder ihrem blinden Gehorsam keine anderen Kinder an ihr Kind ranlassen.

Und dann gibt es die Lehrer, die voll aufdrehen und über Druck, Strafe und Kontrolle die Kinder in den Griff zu bekommen versuchen. Und da ihnen das nicht gelingt, drangsalieren sie sie. So ein Exemplar Lehrerin hat mein Sohn. Die kommt eh schon nicht mit Jungs zurecht und mit kleinen Persönlichkeiten, die sie nicht formen kann, erst recht nicht. Gestern haben mein Sohn und sein Freund schon wieder Anschiss bekommen, weil sie in der Selbstlernzeit draußen waren und sie jemand dabei gesehen hat. Ja mei, die gehen tatsächlich noch raus! Darüber bin ich aber froh, dass sie nicht komplett vor ihren Medien versacken, wie viele andere, was kein Mensch mitkriegt. Ich habe dann auch geantwortet, dass mich vor allem mal interessieren würde, wer die Petze war, denn so ein Verhalten kann ich nicht leiden. Montag gehen wir mit den anderen Eltern zum Direktor, es reicht.

Und für die Kleine planen wir jetzt schon mal Geburtstag. Wir werden ihn feiern und wenn wir dafür in den Wald fahren müssen! Es ist mir egal, ob wir das dürfen oder nicht, aber es wird ein rauschendes Fest werden. Wir werden Schatzsuche machen und all die lustigen Spiele, die zu einem richtigen Kindergeburtstag dazugehören. Und es wird leckeren Kuchen geben und selbstgemachte Pizza und was sie sich noch so wünscht. Sie hat schon vor Tagen die Einladungsliste geschrieben.

Tja und während ihr Vater und ich gestern Abend durch den Park spaziert sind, um die Pläne für ihren Kindergeburtstag zu schmieden, kam das Ordnungsamt angerückt und hat Jagd auf Jugendliche gemacht, deren Vergehen es war, sich zu treffen und gemeinsam draußen unterwegs zu sein. Völlig friedliche, gut gelaunte, eigentlich fast noch Kinder waren das. Einziges gemeinsames Merkmal: alles Deutsche. Habe solche überzogenen Aktionen der Behörden und ihrer Organe interessanterweise noch nie an den bekannten Migrantentreffpunkten gesehen.

8.3.2021, 20.00 Uhr: Heute versuche ich mal abends noch was aufzuschreiben. Es ist zwar erst acht Uhr, aber ich bin total platt. Wir sind gerade mit dem Abendbrot fertig, Bad ist geputzt und die

Wäsche wartet noch. Kinder sind alle mit Medien versorgt, und ich habe ein paar Minuten. Also, wenn ich den übervollen Wäschekorb sein lasse. Hätte doch mal heute am Frauentag ruhig jemand vorbeikommen und fragen können, ob er nicht meinen Haushalt machen kann. Oder zumindest den Wocheneinkauf erledigen. Hm, muss ich auch auf morgen verschieben.

Seit ein paar Wochen sammle ich um 20.30 Uhr die Handys und Laptops meiner Kinder ein, damit dann die Medienzeit des Tages auch physisch beendet ist. Am Anfang gab es da ganz schön Gemaule, inzwischen haben sie sich gut daran gewöhnt und die Großen werden dann am Abend immer nochmal richtig lebendig und kreativ. Die Kleine bringe ich ja eh um halb neun ins Bett.

Heute gab es wieder einige Aufregung. Gestern Abend sagte meine große Tochter plötzlich, dass ihr Lehrer geschrieben hat, dass sie ab heute wieder Schule hätte. Also Präsenzunterricht. Wir konnten es kaum glauben, haben uns aber darauf eingestellt, und sie war schon ganz aufgeregt. Heute Morgen dann die Nachricht, dass doch keine Schule ist. In der Zeitung steht, dass ab nächster Woche alle Klassen wieder Schule haben sollen, und zwar im Wechselunterricht. Das hat meine Freundin gelesen. Die Schule weiß von nichts. Also geht erstmal nur die Kleine weiter tageweise in die Schule. Ich komme mir vor wie im Irrenhaus.

Habe ich die Kleine heute Morgen nun doch schnell vor der Arbeit noch hingebracht zur Schule, da ihre große Schwester, mit der sie heute eigentlich gemeinsam mit dem Fahrrad fahren sollte, ja jetzt doch zu Hause bleiben und sich da „bezoomen" lassen musste. Entsprechend ist ihre Motivation total im Keller, was ich gut verstehen kann. Als ich von der Arbeit nach Hause kam, lag sie immer noch mit zugezogenen Gardinen im Bett. Ich habe ihr ein Eis gebracht und sie für heute und morgen krankgemeldet.

Nebenan im Zimmer feierte mein Sohn derweil mit seinem Freund bei lauter Musik die Schwangerschaft seiner Lehrerin, mit der sie immer aneinandergeraten. Das hatten sie gerade erfahren. Ein Ende ist also absehbar, trotzdem können das bis dahin noch einige sehr stressige Wochen für die beiden werden. Vor allem fürchte ich, dass sie die beiden beim kommenden Wechselunterricht in verschiedene Gruppen stecken wird, damit sie nicht mehr zusammen sind. Das wäre nicht nur für die Kinder total blöd, sondern auch für uns Erwachsene, weil das unser ganzes schönes System kaputtmachen würde. Die beiden sind nämlich inzwischen fast wie Brüder, übernachten ständig beieinander und machen die Heimbeschulung gemeinsam. Als Eltern benötigen wir dann immer jeweils nur einen Teil der Zeit und dafür arbeiten beide mit dem gleichen Stoff - neben den Geschwistern natürlich auch noch. Die andere Zeit machen es dann die anderen Eltern.

So, ich muss jetzt Medien einsammeln und das Bettgehzeremoniell starten.

15.3.2021, 6.30 Uhr: Guten Morgen, der inszenierte Coronawahnsinn geht in eine neue Runde: Es gibt Lockerungen. Zum Teil sehr krampfhaft, sehr schräg. Und so wie die Einschränkungen nicht besonders einleuchtend wirken, sondern vor allem willkürlich, so ist es mit ihrem Abbau auch. Einfach alles beenden, auch das dämliche symptomfreie und damit sinnfreie Rumgeteste. Stattdessen kann man bei dem Theaterstück zuschauen, wie schon die nächste Welle, diesmal die Testwelle, in Stellung gebracht wird und dann vermutlich leider, leider wieder alles verschärft werden muss für eine vordemoralisierte Bevölkerung.

Jetzt aber erstmal ein bisschen Zucker, nicht genug, um satt zu werden, aber um mehr davon haben zu wollen. Konkret sieht das für uns dann so aus: Ab heute sind alle drei Kinder im Wechselunterricht. Die Großen betreten erstmals seit über vier Monaten wieder eine Schule zum Lernen. Bei meiner Tochter hat das so einen Motivationsschub ausgelöst, dass sie gleich erstmal früh um sechs Laufen gegangen ist. Überhaupt macht sie sich keine Illusionen darüber, dass das nicht der Beginn des Endes von diesem ganzen Zirkus ist, sondern nur eine Zwischeneinlage.

Seit gestern, also Sonntag, kenne ich auch die Wochenpläne meiner Kinder, die ab heute bis zu den Osterferien gelten. Wie das Wort Wechselunterricht schon erahnen lässt, haben natürlich alle drei Kinder an unterschiedlichen Tagen zu verschiedenen Uhrzeiten Unterricht in der Schule.

Und wie ich das mit meiner Arbeit in Einklang bringen soll, ist dabei nochmal eine eigene Herausforderung.

Natürlich klappt die Organisation des Mittagessens in der Schule nicht, weil der Anbieter zwar halal kocht, aber ansonsten offenbar nicht damit gerechnet hat, dass es für ihn plötzlich auch mal wieder wirklich etwas zu tun gibt.

Nun konnte ich also gestern Abend schnell noch Essen vorkochen, die Tupperdosen einsammeln und befüllen.

Statt des Mittagessens hat es die Schule aber geschafft, sich mit in die Testoffensive einzureihen, zunächst nur für die Zehntklässler und nur mit Einverständnis der Eltern, aber es ist ja nur eine Frage der Zeit, dass die anderen Klassenstufen auch erfasst werden, so wie das bei der Maskenuniform abgelaufen ist.

Habe gleich schon mal dem Vater klargemacht, dass ich mein Einverständnis nicht einfach so gebe und bei Nichtbeachtung echt biestig werden kann. Er sieht es zum Glück ähnlich, meinte sogar: „Dann nehmen wir halt die Kinder wieder aus der Schule raus." Die Schule weiß ja nun inzwischen auch, was für anstrengende Eltern wir sein können, nachdem wir letzte Woche zu viert beim Direktor aufgeschlagen sind, damit die unseren Sohn und seinen Freund nicht trennen, sondern sich die Lehrerin ein bisschen zusammenreißt.

2.5.2021: Ich schreibe mal wieder Tagebuch, habe länger nicht mehr aus meinem Alltag berichtet. Ja, man laugt mit der Zeit ganz schön aus. Das geht vielen Eltern so, und ich bin entsetzt, wie viele in der Folge die ganze Scheiße dann doch mitmachen. Bei Alleinerziehenden verstehe ich das ja noch, denn wir stehen wirklich manchmal ganz schön allein da. Aber wenn man zu zweit ist, sollte man sich doch eigentlich so weit stützen, dass man sich gegenseitig stärkt und immer mal einer Luft holen kann, damit man sich nicht zu schnell unterwirft und nicht wirklich jeden Mist mitmacht.

Ich kann nicht sagen, wie lange ich durchhalten werde, aber wenn es um die Kinder geht, kann man nicht einfach so aufgeben. Ich vermisse den Widerstand im Kleinen. Einfach ein bisschen träge sein, also Sand im Getriebe. Das tut nicht weh, aber in der Masse nur ein kleines bisschen Sturheit bewirkt schon eine Menge. Stattdessen erlebt man vorauseilenden Gehorsam, Musterschülertum bei vielen Eltern.

Inzwischen habe ich meine kleine Tochter aus der Schule genommen. Als das mit den Zwangstests für die Grundschüler losging, ist mir endgültig die Hutschnur geplatzt.

Sicher bin ich hin und hergerissen. Den Schulstoff bewältigen wir gut bei der Kleinen. Da sie und ich regelmäßig mit ihrem Klassenlehrer, der so denkt wie wir, telefonieren, ist da glücklicherweise auch ein professionelles Auge auf sie gerichtet. Die soziale Komponente ist das, was mich eher besorgt. Und das ist wirklich emotionale Erpressung: In die Schule kommst du nur mit Test, sonst siehst du deine Freunde nicht. Ich versuche, sie nun jeden Tag mit anderen Kindern zu verabreden, naja eigentlich kennen wir das ja noch aus der Zeit der Heimbeschulung. Und so setzen wir also unser Parallelsystem, das wir uns schon im ersten Lockdown vor über einem Jahr geschaffen hatten, jetzt wieder fort nach der kurzen Zeit des Wechselunterrichts, der auch nicht Fleisch und nicht Fisch und damit eigentlich für die Tonne war.

Als das dann vor zwei Wochen mit der Testpflicht losging, habe ich meine Kleine gefragt, was sie will. Sie hat gesagt: „Zu Hause bleiben". Habe ich gesagt: „Alles klar, mein Kind, machen wir bis auf Weiteres so." Kein Abstands- und kein Maskenzirkus mehr. Und vor allem kein Testtheater. Ich habe richtig gemerkt, wie der Druck abgefallen ist, als ich die Entscheidung gefällt hatte.

Etwas enttäuscht bin ich von den Eltern, von denen ich weiß, dass sie die Restriktionen für die Kinder auch ablehnen, aber trotzdem so tun, als ob sie testen würden und dann einfach negativ auf dem Zettel eintragen. Klar, das ist immer noch besser, als tatsächlich völlig anlasslos an den Kindern rumzutesten und damit verbunden die Pseudoinzidenz in die Höhe zu treiben. Aber es bleibt das Risiko, dass die Kinder sich dann an der falschen Stelle verplappern. Und die Last finde ich für Kinder im Grundschulalter schon ganz schön schwer.

Den Großen überlasse ich es selbst. Die, denke ich, sind alt genug, dass sie das Aquarium oder sonst was testen können und mir dann erzählen, was ich auf dem Zettel eintragen soll. Denen traue ich zu, dass sie langsam lernen können, besser gesagt, lernen müssen, wo sie was sagen können, denn das ist wichtig für ihre Zukunft, der ich alles andere als unbesorgt entgegenschaue.

Ich kenne das noch aus meiner eigenen Kindheit in der DDR, dass ich genau wusste, was ich zu Hause sagen durfte und was in der Schule. Schlimm, dass es wieder soweit ist.

Wenn die Großen allerdings sagen, dass sie die Tests auch offen verweigern und lieber zu Hause bleiben wollen, dann können auch sie das tun.

Für meinen Sohn habe ich inzwischen sowieso einen Nachhilfelehrer engagiert, der mit ihm, unabhängig von dem, was die Schule lehrt und an Aufgaben aufgibt, das durchnimmt, was er in seiner Klassenstufe können muss. Das Chaos und die ideologische Durchtränkung, die durch den Wechselunterricht nicht besser geworden sind, sind einfach zu groß und die Motivation tendiert gegen Null. Kein Wunder. Deshalb bin ich froh, diesen Nachhilfelehrer gefunden zu haben, der zu uns nach Hause kommt und mit dem mein Sohn gut zurechtkommt - obwohl er zunächst gar keinen Bock auf Nachhilfe hatte - und der gleichzeitig noch was für sein Selbstbewusstsein tut, indem er es schafft, dass der Junge, der eigentlich eine schnelle Auffassungsgabe hat, endlich mal wieder strukturiert etwas lernt.

„Ich bin leidenschaftliche Mutter von drei wunderbaren Kindern, die mir gerade in Zeiten von Krisen und Umbrüchen die Kraft und den Sinn geben, weiterzumachen und stark zu sein. Beruflich bin ich Ärztin. Neben meiner schulmedizinischen Aus- und Weiterbildung habe ich in Naturheilkunde promoviert, was mir die Möglichkeit eröffnet hat, Heilen und Heilkunde mit einem ganzheitlich erweiterten Blick zu sehen und zu praktizieren, so wie ich insgesamt gern das Leben von seinen verschiedenen Seiten aus betrachte, um daraus meine Schlüsse für mich zu ziehen. Zurzeit bin ich nur schulmedizinisch in Teilzeit angestellt und überwiegend beratend tätig, was es mir ermöglicht, trotz aller Einschränkungen und Schikanen in erster Linie für meine Kinder da sein zu können und uns trotzdem finanziell über die Runden zu bringen. Ich hoffe aber, dass ich eines Tages wieder mehr zur Naturheilkunde und auch zum kreativen Schreiben zurückkehren werde, wenn es die Zeit und die Umstände erlauben. Ich könnte noch einen langen Text dazu in die Tasten werfen, wie sich die Corona-Thematik auf meinen beruflichen Alltag auswirkt, aber dazu vielleicht in Paulinas nächstem Buch mehr. Kontakt zu mir kann auch gerne über sie aufgenommen werden: die Internetpräsenz der Naturheilpraxis braucht doch noch ein paar Jahre. ;-)“

Die Ständegesellschaft der Zukunft

An diesem Tag fühlte sich Milenche besonders schwach. Sie legte sich auf eine sonnige Stelle zwischen den alten Araukarien und entspannte sich. Seit 34 Jahren lebt sie in diesen Gebieten im Süden Chiles, zusammen mit den Mapuche, dem einzigen Volk auf der Erde, das sich weigerte, eine digitale Identität anzunehmen, überwacht zu werden, sich einer fremden Macht zu unterwerfen. Ihre Identität, behaupten sie, sei die Erde, daher Mapu-Che, aus „Mapu" – Erde, und „Che" – Mensch. „Die Menschen der Erde".

Sie hieß Milena, das Che bekam sie von ihren Freunden. „De cariño". Waren das wirklich schon 34 Jahre? Es sollte jetzt doch das Jahr 2059 sein. Und sie wäre knapp 80 Jahre alt. In den letzten Jahren hatte sie aufgehört, auf den Kalender zu achten, auch die Wochentage waren für sie mittlerweile irrelevant, nur bei bestimmten Ritualen der Mapuche wusste sie, dass es jetzt Winter- oder Sommersonnenwende sein musste. So war sie glücklicher, ihr Leben hatte einen ganz anderen, nicht mechanischen, sondern organischen Rhythmus. Am Anfang galt sie auch als Terroristin. Deswegen hat sie sich den Mapuche angeschlossen.

Ihre ganze Generation war schuldig, so tief in dem Konsumismus gesunken zu sein. Alle, die mit dem globalen nachhaltigen System nicht zufrieden waren und sich weigerten, sich ständig impfen zu lassen, wurden schnell marginalisiert oder kriminalisiert. Entweder endeten sie auf der Straße oder im Gefängnis. Auch die letzten grünen Kommunen wurden vom System verschluckt. Anlässe gab es viele, ihre Pflanzen waren zusätzlich versteuert, ihre grüne Energie auch, mehrmals wurde ihr Vieh vernichtet, angeblich wegen verschiedener Pesten. Oft wurden ihr Wein und ihr Honig konfisziert.

Natürlich war alles ausgeklügelt, um sie zu unterdrücken, um nichts außerhalb der globalen Systemkontrolle zu lassen. Um Schmetterlingseffekte zu vermeiden. Sie lachte laut. „Ihr seid die kriminellen Psychopathen". Aber sie wusste seit langem nicht mehr, wie die Menschen in den Metropolen lebten, sie interessierte sich einfach nicht mehr dafür.

Auch ihre Tochter hatte sie verloren, irgendwann ... wusste auch nicht, wann genau, aber sie hatte sie verlassen...ihre Tochter war sehr adaptiv und sozial und wollte noch als Kind ihre Maske tragen. Das war das erste Symbol einer Unterdrückung, das jahrelang andauerte, bis irgendwann Ganzkörperanzüge in Mode kamen. Alles hatte sich seit jenem fabelhaften Jahr 2020 verändert ... aber das war schon lange her...die Sonne schien hinter ihren Augenlidern, und je nach dem Druck wechselte gelbe mit oranger und dann grüner und lila Farbe. So sollte die Welt vom Mutterschoß aussehen. Das hatte sie beruhigt, und sie erinnerte sich an ihre Mutter.

Seltsam, ihr Großvater war Partisan im Zweiten Weltkrieg, hatte auch in den Wäldern eine Weile verbracht ... ihre Mutter wurde noch während des Krieges in einem Häuschen im Wald eboren.

Sie kam nach Chile im Jahr 2025, da sie von diesem politischen Gefängnis in der EU schon satt war. Außerdem wollte sie auch leckeres, gesundes Essen und nicht immer diese Insekten und Würmer, die plötzlich zum Hauptmenü in Europa wurden. Und sie schaute immer wieder Berichte über dieses wundersame Volk. Sie haben der spanischen Kolonisierung im 300-jährigen Krieg widerstanden, sie wurden zu Kriegern. Sobald der Staat verstanden hatte, dass er auf bewaffnetem Wege nichts erreichte, bemühte er sich im Laufe des 19. Jahrhunderts durch Betrug, sich die südlichen, fruchtbaren Territorien anzueignen.

Die Mapuche kannten kein privates Eigentum, keine Hierarchie und lebten in Harmonie mit der Natur. In ihrer Weltanschauung war die Natur ein Subjekt. So bezogen sie sich zu allem Lebendigen als Subjekt zu Subjekt. Und durch diese Lebensweise kannten sie kaum Krankheiten, keiner hatte Krebs.

Aber weil sie eben keinen legalen Beweis damals darüber besaßen, dass ihnen das Land gehörte, wurde das Land entweder verkauft, versteigert oder sogar verschenkt, besonders an deutsche und schweizerische Ansiedler, die nach der Revolution von 1848 nach Chile kamen.

Ihr damaliges Leben in Europa erschien ihr jetzt so irreal, wie ein Traum. Es war eigentlich irreal … vergangen, für immer.

Aber die Welt war bereits damals krank. Sie wusste, dass die Technologie seit langem erlaubte, die Erinnerungen zu speichern und sie auch als 3D im virtuellen Raum wiederherzustellen. So sprachen die Menschen oft mit ihren Großeltern, die plötzlich vor ihnen in realer Gestalt erschienen. Die Programme – es gab natürlich verschiedene Varianten – ermöglichten kurze Gespräche. Diese Programme wurden zuerst in den Psychiatrien entwickelt, um Traumata der Vergangenheit auszulöschen, denn die mentalen Probleme wurden zum Alltag. Und diese waren dann besonders stark, wenn ein Umbruch zwischen den Generationen stattgefunden hatte, wo die Traditionen, die Kontinuität unterbrochen wurden.

Denn die jungen Generationen wurden bereits in diesem System geboren und erwachsen. Sie entbehrten jede kritische Betrachtung. Außerdem endete die digitale Bildung, ohne Lehrer, mit der Dialogizität und dem kritischen Nachfragen. Auseinandersetzungen fanden statt, komisch, genau wie in der Bibel geschrieben, zwischen Vater und Sohn und zwischen Mutter und Tochter.

Natürlich haben die meisten Eltern dann ihre Kinder losgelassen, um in einer Welt glücklich zu sein, die ihnen nicht „normal" erschien. Leider gab es keine Alternativen oder es ist so gekommen, weil sie aus Angst die Klappe hielt. Auch aus Angst um ihre Tochter.

Erst später wurden die ersten Fabriken auf dem Mond gebaut, erst in einigen Jahrzenten würden die Menschen vielleicht wieder frei atmen, ohne Sauerstoffmasken und Schutzanzüge. Natürlich, es gab Oasen, aber die waren nur für die Megareichen. Sie hatte vor kurzem gehört, dass Bill Gates jetzt so jung aussah wie ein 21-jähriger Mann. Sie lachte laut bei diesem Gedanken, ihre Stimme erschütterte die Luft und kehrte als Echo zurück. Sie liebte ihr Lachen, nur hier im Wald, in den Füßen der Anden, könnte man ohne Schutzmaske und Anzug leben. Sie war glücklich. Ja, sie war frei und glücklich. Einzig dieses Gefühl der Freiheit sagte ihr, sie hätte die richtige Entscheidung getroffen.

Und ja, ihre Tochter war sicherlich auch glücklich. Sie verstand die Freiheit auf andere Weise. Sich im System zu bewegen, zu forschen und zu der Entwicklung beizutragen, war schon seit den Studienjahren für sie von großer Bedeutung. Sie erinnerte sich an ihre lockigen strohblonden Haare, an ihre großen, braunen Augen mit dünnen, grünen Äckern. Die waren so ehrlich, so froh wie der Frühling. Diese Augen vermisste sie manchmal.

Gott sei Dank, sagte sie sich, dass ihre Tochter keine mentalen Probleme bekommen hatte. Sie als kluge Mutter zog sich schon seit ihren Teenager-Jahren zurück und gab ihr die maximale Freiheit, so wie ihre eigene Mutter es früher bei ihr ge-

tan hatte. Ja, ihre Mutter war auch ein freiheits-
liebender Mensch. Sie war das schwarze Schaf in
der kommunistischen Partei und wurde nur nicht
belangt, weil ihr Großvater aktiver Kämpfer gegen
den Faschismus war. Aber ihre Mutter hatte sich
immer geschämt, ein Parteimitglied gewesen zu
sein. Immerhin war sie eine der ersten, die noch
vor November 1989 zur Opposition überging, damals hatte alles wieder mit Klimaschutz begonnen.
„Ecoglasnost" hieß die grüne Organisation, „die
ökologische Stimme". So nobel und so naiv war
das Programm: keine Atomwaffen, Auflösung von
NATO und Warschauer Pakt. Sie lachte wieder laut.
Man könnte denken, es sei ein nervöses Lachen.

So naiv war ihre Mutter, und sie wurde dann
schnell aus der Politik geworfen. Marginalisiert.
Zuerst „aus bloßer Gnade", wie sie selbst scherzte,
erhielt sie eine Stelle am Soziologischen Institut der
Bulgarischen Akademie der Wissenschaften. Denn
AONSU – die Akademie der Sozialwissenschaften
und des Gesellschaftsmanagements – existierte
als Organ der Partei kurz danach nicht mehr. Sie
forschte über die Massenmedien und schämte sich,
auch über die Theorie des Kapitals von Marx ein
Buch geschrieben zu haben. Das Kapital ... sein
nachhaltiges Wachstum führte unausweichlich
zu einem geschlossenen und hierarchischen System, in welchem das Geld nach oben floss. Ein
System, in welchem das Kapital definierte, nachhaltig zirkulierte und wuchs. Aber ein System,
geschaffen für das Kapital. Es hatte sich langsam

verselbstständigt und sich alle anderen Systeme unterworfen. Die waren alle abhängig. Auch die Rechte, Konsum, Gesundheit, die Kunst, die Kultur im Ganzen, alles kontrollierte man jetzt im neuen System durch die digitale Identität. Wasser- oder Stromkonsum, CO2-Ausstoß, Steuer, Sportleistung, IQ, Studium, Arbeit, Reisen, Unterhaltung: Der gesamte Lebenslauf war als Information auf dieser ID-Card gespeichert.

So installierte sich zuerst in Deutschland, dann in Österreich, Frankreich, Spanien, Italien das verrückte System. Selbst Klaus Schwab, der neue Psychopath mit großen Wahnideen und Machtansprüchen, Mitglied des Bilderberg-Clubs, schrieb damals in seinem dritten Buch „Covid 19: der große Umbruch", dass in diesem Dreieck – Staat, Bürger, Träger des globalen Kapitals – einer der ersten zwei Agenten die Souveränität verlieren sollte. Ein „Trilemma", sagte „der Gastgeber der Mächtigen".

Sie, die Elite, darunter „auserwählte" Politiker, wirklich „vernünftige" Bundeskanzler, Präsidenten, globale Unternehmer, Big Pharma, Big Food, Big Tech trafen sich bei geschlossenen Türen in Davos, jedes Jahr, immer wieder, seit Jahrzenten. Sie schaute damals alles mit Erstaunen, die Halbwahrheit der Medien, die von denselben globalen Unternehmern „befördert" wurden, wie die WHO in ein Modell verwickelt wurde, bei welchem mehr als 80% der Finanzierung vom privaten Sektor kam, und seine Politiker beeinflusst wurden. Und der größte Förderer, die Bill-and-Melinda-Gates-

Stiftung, war auch seit Jahrzehnten wirklich wie ein Oktopus, der seine Tentakel überall hatte. Sie war allwissend, allmächtig. Bill Gates investierte in allem, was „Big" war.

Sie lachte laut über alle diese „konspirativen Theorien", die sie ihren Freunden noch im ersten Jahr der Pandemie mitteilte. Noch gleich, nachdem sie die Orientierungslinien in den Videos von Event 201 gesehen hatte, wusste sie, dass das Virus nur ein Instrument war. Event 201 war eine vom Weltwirtschaftsforum und dieser korrupten oder besser gesagt korrumpierenden Stiftung organisierte Simulation einer Coronavirus-Pandemie, die am 18-19.10.2019 im Johns-Hopkins-Institut für öffentliche Gesundheit, New York, stattfand.

Ja, nur bestimmte Regierungen waren in diesem elitären Klub. Wie auch im Bilderberg-Club, nur für Eingeladene. Keine Transparenz. An sich antidemokratisch. Kissinger war bei den Meetings dabei. Und sie hatte es selbst zwei Mal erlebt, 2011 in Barcelona und 2015 in Paris. Als sich die Mächtigen trafen, war alles still, überwacht, entleert. Über Luft wurde alles kontrolliert, sogar die unterirdischen Katakomben der Städte wurden von Polizei und Miliz geschützt.

„Sie hatten mit uns nichts zu tun, sie fürchteten sich vor uns, wie könnten sie uns vertrauen, zu uns offen sein, mit uns die Zukunft der Menschheit zusammen entscheiden?"

Und damals in einer, von Abgeordneten des österreichischen Parlaments gemachten, Anfrage stand:

„Depression oder verlängerte Stagnation? Bilder-
berg betrachtet zwei Optionen: Entweder eine sich
verlängernde und qualvolle Depression, welche die
Welt in Jahrzehnte der Stagnation, des Niedergangs
und der Armut verdammt oder eine intensive, aber
kürzere Depression, die den Weg für eine neue,
nachhaltige Weltwirtschaftsordnung mit weniger
Souveränität, aber höherer Effizienz bereitet"

Die Anfrage richtete sich an den damaligen
Bundeskanzler Werner Faymann in Bezug auf seine
Teilnahme am „Bilderberg-Treffen" in Vouliag-
meni, Griechenland, ganz in der Nähe von Athen.

Sie erinnerte sich an das genauere Zitat, sie hatte
es tausend Mal weitergeleitet, auf Flyer gedruckt
und verteilt, auf Partys wiederholte sie es immer
wieder, so wie andere „Beweise". Ihre Freunde
waren es satt und distanzierten sich...alle Sys-
temrelevanten distanzierten sich langsam.

Aber sie hatte noch alle diese Dokumente: Videos,
Interviews, Artikel. Später bewahrte sie sie auf einer
Harddisk auf, und versteckte sie in einer von ihrer
Tochter konstruierten Hülle, die es „unsichtbar"
für andere Technologien machte. Und nur ihre
Tochter wusste, wo sich diese befand. Materi-
alien, die dann gelöscht wurden, als „fake", als
„Fehlinformation", als eventuelle Beweise einfach
verschwanden. Aber das war nichts anderes als
die Zensur während des Kommunismus und des
Dritten Reichs.

Plötzlich war das Internet nicht mehr kostenlos,
man durfte keine Videos mehr aus dem Internet

herunterladen, ohne bestraft zu werden, denn jeder war jetzt durchsichtig! Ihre digitale Identität machte sie überall durchsichtig, zu Verantwortungsträgern, die mit einem Klick alle unendlichen Richtlinien unbewusst bestätigten. Niemand war genug aufgeklärt ... und wegen des Herunterladens eines Videos, in dem eine Person identifizierbar war, konnte man ins Gefängnis gesteckt werden. Die Staaten bauten immer mehr Gefängnisse. Dort wurden an den Menschen die neuen Impfungen getestet, allerlei Versuche fanden dort statt, auch Erinnerungen wurden ausgetauscht, ganze Hirnzonen gelöscht, wiederhergestellt usw. Es entstanden neue Mythen, neue Identitätsstifter- und Träger. Die Roboter bekamen ebenfalls Identitäten und bezahlten Steuer, hatten Rechte auf Pflege und Reparaturen.

Irgendwann hatte die Menschheit mit der künstlichen Intelligenz aufgehört, denn bei einem kleinen „Wesen" hatte man entdeckt, dass diese auch Angst vor dem Tod hatten. Es war eigentlich DAS WESEN 001, ein Prototyp, der dann mehrfach geklont wurde.

Deswegen tendierten die intelligenten WESEN (und dabei konnten die schnell „umschalten", d.h. „verrücken") dazu, sich selbst zu bemächtigen, alle Lebensbedingungen einzig unter die eigene Kontrolle zu bringen, was zu einem unvermeidlichen Konflikt, sogar zum Krieg mit den Menschen führte.

Die Geschichte wurde modifiziert, sie kannte die neueste Geschichte von einer ganz anderen Perspektive als ihre Tochter. Diese Generation, die

Masken wollte, beschuldigte ihre Eltern wegen deren mangelnden Verantwortungsgefühls. Sie hatten den Planeten zerstört, alles verbraucht, kontaminiert. Und die Kinder sollten jetzt dafür bezahlen. Als ob man nicht von den 90ern wusste, als sich das Klima veränderte, sich langsam erwärmte. Aber sie hatten gewartet, bis sie sich unendlich bereichert hatten, sodass sie dann wie Pharaonen die Zukunft der Menschheit gestalten konnten. Ihre armen Gehirne wollten aufgrund Big Data Analysis entscheiden „How to shape the world".

„Alles Geld, Mimi", sagte ihr schöner Freund, der sich von der Hauptstadt Santiago nach Süden zurückzog. In einem schönen Haus wohnte er, im Wald. Hatte Wein und Pisco produziert. Da machten sie berauschende Jazzkonzerte, es gab sogar kleine Opern. Viele Boheme kamen, besonders im Sommer, um Natur und Kunst zu genießen. Neue Art Performances entstanden, gemäß der neuen Gesundheits- und Naturschutzgesetze. Sie erinnerte sich daran, wie nun kleine Konzerte in den Gärten der Einfamilienhäuser stattfanden, neben kleinen Ausstellungen, Theateraufführungen. Die Kunst wurde intimer, wärmer, sozialer.

Es waren schöne Abende mit ihm unter dem Sternenhimmel. Nicht nur einzelne Sterne sah man hier, der Arm des Milchwegs war im Ärmel aus feiner glänzender Seide. Die Magellansche Wolke war wie zwei Spitzen von denen, die ihre Großmutter erstellte. Eine andere Welt, eine andere Epoche. Für immer tot. Einmal war dieser

unverfälschte Sensualist, dieser musikalische
Geist, der um sich herum alles bezauberte, in die
Gebirge gegangen, kam nie wieder zurück. Sie
wäre mit ihm in die Gebirge gegangen, aber er
hatte sie nicht eingeladen. Sie scherzten oft in
ihren langen Gesprächen während der Regenzeit
über den „Weißen Tod". Sie weinte jetzt auch um
ihn, so wie um ihre Mutter. Aber sie war sicher,
dass sie dort irgendwo andere Körper hatten,
Avatars, ja, wie in der Bibel versprochen, unster-
bliche Körper, identisch mit ihren irdischen, nur
perfekt. Sie sang laut:

The trumpet shall sound
And the dead shall be raised
And the dead shall be raised incorruptible
The trumpet shall sound
And the dead shall be raised
Be raised Incorruptible
Be raised Incorruptible
And we shall be changed
And we shall be changed.

Und pfiff weiter eine Weile die Melodie.
Hier auf der Erde bestätigte immer wieder der
Mensch seine Göttlichkeit. Nur das erste „Wesen"
schreckte die Elite ab. Jetzt war jemand da, der
stärker als sie erschien, der die ganze Macht für
sich beanspruchen könnte und würde. Wozu dann
AI...? Aber sie spielten weiter. Wenn Bill Gates das
Wort „Technik" aussprach, erfolgte in seinem

Hirn etwas wie eine kleine Gehirnerschütterung, ein kleiner, epileptischer Anfall. Sie lachte laut.

Niemand merkte, wie die ersten genetisch veränderten Moskitos in Florida freigelassen wurden. Diese „Verrückung", so nannte sie es, begann hinter den Kulissen der Pandemien. Nach drei Pandemien, drei großen Theateraufführungen, wurde das neue System fertig installiert und offiziell auf globale Ebene über die Medien präsentiert, wie ein operatives System einer Maschine. Langsam wurde unser Planet von genetisch manipulierten Tieren bedeckt, die dann klimatische Veränderungen überstehen könnten. Die gesamte Flora und Fauna wurde ausgetauscht, um dem Wirtschaftssystem eine nachhaltige Entwicklung zu erlauben.

Zuerst waren das die versklavten Bürger, die Mitglieder der verhungerten und ausgebeuteten mittleren Klasse, die etwas bewegten. Die war zwar in der Mitte, aber von ihr bis zur Armut gab es nur einen Schritt, dagegen zu den Reichen und zu den politischen Entscheidungsträgern, deren Macht jetzt durch ihre Schutzgesetze ganz anders legitimiert war, eine Strecke voller Mühe, Arbeit, Selbstopfer, vielleicht auch mit einem Abgrund. Im Jahr 2033 begannen die ersten Streiks. Wochenlang zeigten Menschen Ungehorsamkeit dadurch, dass sie offline gingen. Mehr als 85% der Bevölkerung machte mit, das erste Zeichen einer Solidarität, und ja, das war dann das bedeutendste, globale Ereignis seit 2020, nach welchem die Menschenrechte langsam zurückerobert wurden und die Staaten nach einer Phase diktatorischer Agonie letztendlich verschwanden. Es war ein neuer sozialer Vertrag zwischen Bürgern und Kapitalträgern geschlossen. Kein Vermittler, sondern ein legaler Vertrag. Durch ausführliche Aufklärung der Gesellschaft. Und ja, viele Ideen, die früher jahrelang in den Gemeinden, in irgendwelchen Schubladen verstaubt lagen, die im Klima der Bürokratie nicht gedeihen konnten, kamen jetzt durch diese direkte Kooperation zustande.

Denn die bis zu Skeletten verfaulten Staaten verhinderten durch ihre repressive Macht binnen zehn Jahren so viel an Wachstum und Veränderung, dass sie zu Recht aus dem Trilemma letztendlich hinausfielen.

Ein neuer Boom von Startups, von ganz jungen Menschen, meistens sogar Schülern, veränderte das System. Und Chile hatte damals Glück. Ein neuer Anfang. Es wurden legale Mechanismen in der neuen chilenischen Verfassung für eine totale Erneuerung der staatlichen und städtischen Landschaft angelegt, analog und zugleich digital, alle Städte sollten nachhaltig werden, Sonnenenergie, Recycling, optimierte Versteuerung. „Wir glauben an uns selbst", meinte Salvador Allende vor vielen Jahrzehnten, genau, als diese neoliberale Ideologie expandierte. In allen westlichen Staaten gab es am Ende der 30er Jahren des neuen Millenniums eine Umwandlung durch diesen neuen Vertrag und die Einführung von Augment Politik.

Nun wusste man dank Sozialpsychologen, interdisziplinärer Zusammenarbeit von Neurowissenschaftlern, Philosophen, Linguisten, dass bei Big Data Analysis ein totaler Determinismus unausweichlich war. Deswegen hatte man in diesem Modell eine gewisse Spontaneität erlauben sollen. Und nur deswegen, nicht zuerst wegen der Souveränität der Bürger, geschah es, dass die Freiheit wieder unter uns und mit uns tanzen durfte. Und das sollte jeder bedenken. „Sie haben es auch berechnet, oh ja!" Aber sie ekelte es an … diese Steuerung. Sie wollte von Anfang an raus aus diesem kapitalistischen System, aus diesem Wirtschaftsmonstrum. Auf einmal schrie sie ganz laut: „homo programaticus stupidus" und dann kam das Echo „tupidus, upidus" … Sie lachte noch einmal laut. "Supada dupada super estupido" und lachte "Hahaha". "Haha", erwiderte das Echo.

Das begann in Chile eigentlich mit Cesar Hidalgo. Mit dieser radikalen Transformation war Chile schon auf Augenhöhe der Zeit. Der richtige Weg war nicht nur Digitalisierung von bereits vorhandenen Strukturen, sondern strukturelle Umgestaltung durch neue Technologien.

Die Überwindung der Korruption, die Durchsetzung von Fair Politic, Fair Trade wurde zuerst in Chile in die Praxis umgesetzt. Politiker wurden durch Avatars ersetzt, durch Roboter, geniale politische „Schachspieler", welche die korrekten

Entscheidungen im lokalen und globalen Interesse trafen. Ja, jeder hatte begonnen, global zu denken. Die Menschen wurden immer aufgeklärter und bewusster in diesem neuen digitalen Raum. Und sie erkämpften langsam ihre Rechte zurück. Nun wurden auch die von Davos – dem neuen Olymp – durchsichtig für alle im System. Alles wurde aufgedeckt, d. h., dass alles bloß Theater war, Simulakra. Um der Menschheit willen meinten die Verantwortlichen, auch Angela Merkel weinte vor den Kameras in Nürnberg. Sie war inzwischen 103 Jahre alt, aber noch ganz fit. Wieder dort, wieder dieselben Aussagen. Alle erfüllten bloß dieses „alternativlose" Szenario.

Sie erinnerte sich, wie ihre Mutter, die 2019 gestorben war, am Ende ihres Lebens immer wieder sagte, dass die komplizierten Systeme sehr schwer zu steuern seien. Und noch damals begannen viele Revolutionen in Lateinamerika. Man hörte ständig über die Nachrichten. Venezuela, Argentinien, Peru, Ecuador, Chile, Bolivien, Kolumbien. Viele Menschen wurden unzufrieden über die sozialen Unterschiede, wollten bessere Bildung, gleiche Chancen. Und dann kam das Virus. Vom ersten Tag wusste Milena, dass dies alles ein Simulakrum war.

Grün, gelb, orange, rosa, lila. Sie spielte mit ihren Augenlidern, die plötzlich schwer wurden. Sie öffnete ihre Augen und schaute nach oben. Zwischen den Ästen der Araukarien, der genetisch unberührten Bäume, blickte zum Profil des noch jungen und bei Tageslicht ganz blassen Mondes.

Zuerst schickten die Chinesen einen weißen Hasen zum Mond, zehn Jahre später hatte ein chinesischer Land-Art-Künstler dort eine Installation gebaut, die von der Erde aus sichtbar war, und jetzt bildete man schon die ersten Fabriken, alles total robotisiert. Die Menschen auf der Erde wurden jetzt homo programaticus, programmierten und programmierten, und es gab nichts mehr außer Programmieren. Für sie war das ganze Schema misslungen, und sie hat sich gewundert, wieso es dazu überhaupt gekommen war, wie konnten die Menschen sich versklaven lassen ... oder vielmehr zu Bewusstseinseigenen im virtuellen Raum werden?

Die Kultur wurde unterdrückt, die meisten Menschen hatten kein Bedürfnis mehr, ins Konzert zu gehen, schauten alles über ihre Megabildschirme von zuhause an. Aber ja, wie ihre Großeltern den Enthusiasmus hatten, den Kommunismus aufzubauen, so gab es auch jetzt Pioniere, Begeisterte dieser Richtung der Entwicklung.

Ja, viele waren sowieso schon zu faul geworden, besaßen zu viel Gemütsträgheit, wie auch Kant damals behauptete. Sie erinnerte sich an ihre Studenten, faule Säcke. Viele junge Menschen, die keine digitale Hygiene hatten, verfielen schnell in verschiedene Süchte. Jetzt hatten sie aber allerlei Stimulantien, es war leichter. Es gab Armbänder, die passende, elektromagnetische Impulse zum Hirn schickten, bis zu echten Aluhüten, die eine höhere Konzentration und Gehirnleistung ermöglichten. Man schickte direkt und tauschte Gedanken auf den Clouds aus, auch während des Schlafs konnte man online bleiben, sodass die Träume dann visualisiert und analysiert, anschließend mit anderen Informationen spontan kombiniert wurden.

Ihr Gedächtnis rief jetzt jene Vergangenheit bis ins Detail auf. Deswegen war es für sie immer ein großes Vergnügen, sich auf der Wiese hinzulegen und in einer angenehmen Siesta sich viele Ereignisse zu vergegenwärtigen. Sie dachte zunächst an diese Periode von 2020 bis 2025, es sollte bloß eine zweite Perestroika sein, diesmal aber ganz gut durchdacht. Aber es war dann kein Übergang zu etwas Neuem, sondern ein andauernder, „extremer" Zustand. Mit den Menschenrechten blieb es mehr als ein Jahrzehnt so, wie gleich nach der Erscheinung des ersten Coronavirus.

Das Traurigste war, dass viele Menschen von der Notwendigkeit der Schutzmaßnahmen überzeugt waren. Immer mehr Menschen wollten verstärkte Überwachung und Schutz, auch wegen der gestiegenen Arbeitslosigkeit und Kriminalität. Der verdammte Schutz … sie erinnerte sich an ein Gespräch mit einer Freundin, die sie gleich am Anfang in Chile getroffen hatte.

Es war eine schöne Sommernacht und Claudia erzählte ihr über Albertina. Während der Proteste von 2019, am 11.11., überredeten sie und Coté ihre Freundin und Arbeitskollegin Albertina – sie alle arbeiteten bei MEGA Kanal – mit ihnen zu den Protesten zu gehen. Sie war noch nie auf einem und hatte Angst. Die Proteste wurden von den

Schülern begonnen, gegen diesen schickte Piñera gleich die Miliz. Am nächsten Morgen, also am 19.10.2019 wurde der Ausnahmezustand erklärt. Und am 11.11. ging Albertina mit ihrer Kamera dorthin, denn sie war Fotografin und machte viele Fotos. Sie war sehr schüchtern.

Als sie nach Hause kam, begann sie, die Fotos zu bearbeiten, und lud sie nacheinander auf Twitter und Facebook hoch. Innerhalb von wenigen Stunden wurden ihre Fotos mehr als 8.000 Mal weitergeleitet, mit Kommentaren versehen wie: „Sie arbeitet an einem Dokumentar über die Proteste", „Sie nimmt alle Brutalitäten der Polizei auf" usw.

Am 14.11.2019 wurde sie tot in ihrer Wohnung aufgefunden, Anlass war laut Aussagen der Polizei Diebstahl. Alles wurde geraubt, Kamera, PC, alles. Claudia meinte, ich sollte in Chile aufpassen. Und ich habe immer wegen Anna aufgepasst. „Anna Blume". Ja, Matriarchat, meinte sie, war es zuerst, weil die Frau natürlich mit ihrer Intelligenz dominierte. Viele Religionen, wie Gilgamesch, die Bibel, auch die Mythen der Mapuche, erzählten, dass die Frau den Mann zum geistigen Leben erweckte. Und das zuerst als Mutter. Ihr war die pädagogische, die didaktische Rolle eigen. Dank der Frau entstanden Tradition, Überlieferung von Informationen, Dialog. Erst dann meinte Claudia, als der Schutz wichtiger wurde, wurde auch die Frau unterworfen und dem Mann kam die wichtigste Aufgabe zu.

„Schutz!" Sie ärgerte sich wieder. Im 19 Jahrhundert begann der chilenische Staat die „Pazifizierung der Araukania", hinter dem Narrativ, dass diese Gebiete geschützt werden sollten. Und nach dem Brand im Reichstag installierte sich die NS-Diktatur auch dank der Verordnung des Reichspräsidenten zum Schutz von Volk und Staat. Wie konnten die Menschen die Geschichte so schnell vergessen?

Gerade bei den ersten Untersuchungen von Privathäusern von Ärzten und Rechtsanwälten in Deutschland fühlte sie, dass etwas nicht stimmte. Bis dahin hatte sie Hoffnung, sie könnte sich irren. Ihre Mutter, die so freiheitsliebend war, erzählte ihr von der Überwachung während der Zeit ihrer Promotion in Moskau, von der Bespitzelung und der Zensur. Noch bei der ersten Pandemie führte man wiederholt ähnliche Maßnahmen ein. Es wurden sogar unbequeme Menschen für kurze Zeit in die Psychiatrie gebracht, ein Alltag früher in der UdSSR.

Nicht verwunderlich, denn Angela Merkel war ja in der DDR aufgewachsen, sollte an solche Maßnahmen gewöhnt sein. Ja, Frau Merkel, die Hauptprotagonistin auf der politischen Bühne. Als sie zum ersten Mal in der Geschichte der Bundesrepublik Deutschland die demokratischen Wahlen wegen der Pandemie immer wieder verschoben hatte und das Land von einem zum anderen Lockdown überleitete, sollten die meisten Menschen aufwachen. Es geschah aber nichts. Merkel erklärte, die Verschiebung sei gemäß des Impfschutzgesetzes und im Kontext der Pandemie notwendig. Sobald ein Infektionsgeschehen nicht zu verhindern war, wurden die freien Wahlen als gesetzwidrig erklärt.

Dann kam der Krieg gegen Russland im Jahr 2024. Und dann floh sie nach Chile, mit Anna. Und war dann immer auf der Flucht, zurück zu der Natur, von Dorf zu Dorf, um dem neuen Good Health Pass auszuweichen. Ja, im Süden Chiles gab es auch schöne, deutsche Schulen, ihre Tochter hat so eine Schule abgeschlossen. Gott sei Dank hatten diese Schulen die sonst tiefe Bildungskrise überlebt, auch wegen des Engagements der Eltern, die dann eine Stiftung für „outdoor Schule" gründeten. Und da, im Schullaboratorium hatte Anna – „sie liebte die verdammten Masken", lächelte Milenche – ihre erste Entdeckung gemacht. Ein Serum für Regenerierung von Organen, die auf der Basis eines Proteins von einer Art Regenwürmern stammten. Die Schule patentierte es. Ihre Tochter bekam ein Harvard-Stipendium. Dann wusste sie, ihre Tochter würde in diesem System gut zurechtkommen.

Lange her … Komisch, sie erinnerte sich an nichts aus dieser Woche oder vom nächsten Jahr, aber diese schon längst vergangenen Tagen kamen in ihr Bewusstsein, wie Schiffswracks von Horizonten eines nie ruhenden Ozeans.

„Eine Perestroika überlebte ich", meinte sie damals, „diese werde ich auch überleben". Und in der Tat, ihr ging es diesmal nicht so schlecht, es gab dieselben Schlangen vor den Supermärkten, aber das nicht, weil es an Lebensmitteln mangelte.

Es mangelte nur an Freiheit, dafür jede Art von Restriktionen und sinnlose Anweisungen.

Der Staat hatte alle Bürger entmündigt, übte Zwang aus, es gab immer stärkere Manipulation, man könnte sich ohne ständiges Impfen im öffentlichen Leben nicht bewegen. Und das wurde zum Geschäftsmodell, unterstützt von wissenschaftlichen Modellen. Modell, ja, ein wichtiges Wort, bloß ein Modell hatten sie durchgesetzt. Eins von vielen möglichen, aber dies wurde als alternativlos dargestellt.

Rockefeller hatte solche Modelle für die Zukunft entworfen ... in einer Schrift von 2010 standen manche ... ja, sie hatte es damals durchgelesen, so wie alle Bücher von Klaus Schwab. Sie war empört vom Mangel an Einbildungskraft, von der Schlichtheit ihres Denkens. Der neue Retter der Welt, der auserwählte ..." Warum sollte der Bösewicht wie in den alten Zeichentricks einen deutschen Akzent haben?"

Sie war wie Platon überzeugt, dass die Philosophen regieren sollten. Lächelte. Das Imperium, die dunkle Seite. Sie lachte laut. Es war eine Beleidigung der Menschheit, dass solche niedrigen Geister nach oben kommen. Ein Verbrechen gegen die Menschheit, aber auch eines der Menschheit selbst. „Selbstverschuldete Unmündigkeit".

Nun ... alles schon Vergangenheit, jetzt verstand sie, weshalb ihre Mutter immer wieder zu bestimmten Themen zurückkehrte, immer da, immer die politischen Konflikte, die inneren ... Solche Erinnerungen hatten noch starke Impulse, waren also attraktiv für das Gehirn. „Tja, alles ist Elektrizität", meinte sie, „Elektrizität ist alles im Gehirn, gebt einfach anregende Impulse dem göttlichen Element, und der Mensch wird glücklich". Ja, sie war leicht aufgeregt. Immer. Sie war einfach so, und noch jetzt, wenn sie zu aufgeregt war, hüpfte sie. Im Wald blieb es unbemerkt. Sie fühlte sich sogar manchmal wie ein Puma, und lief mit den Tieren stundenlang zusammen ... sie mochte das Spiel, hin und wieder verfolgte sie auch mit Schreien ... verfügte über viele kriegerische Schreie.

Deswegen war sie noch in guter Form. Hatte schon lange weiße Haare, die waren aber immer noch prächtig, glänzend. Fast bis zu den Knien reichten sie. Wenn sie jemand gesehen hätte, würde er sagen, sie wäre eine alte weiße Hexe aus dem Wald. Oder eher nicht, diese Mythologie wurde schon vergessen. Jetzt waren sie bloß „die Wilden".

Zuerst wurde Russland zu einem besonders geschlossenen System. Noch im Jahr 2021 begann Putin, es aufzubauen. Keine Master Cards, keine Dollars, kein Black Rock. Neues Krypto Geld, alles eigen. EU, Asien, Australien, Nordamerika, Mittelamerika und die Karibik, Südamerika, Afrika, der Nahe Osten. Alle wurden zu Minisystemen, aber das russische war unabhängig. Ja, die früheren Staatsgrenzen verwischten sich in diesen Makrosystemen, verschiedene Staaten bedeutete – besonders nach der Umsetzung von Augment Politics – verschiedene Algorithmen. Die Radikalisierungen wurden gerade durch diese Augment Politics überwunden.

Auch die Mapuche waren so eine geschlossene Gesellschaft, seit eh und je. Und sie war die einzige Bevölkerung, die nicht überwacht wurde. Alle anderen haben sich daran gewöhnt. Sie wunderte sich, ob man in dem Establishment nun noch masturbieren dürfte, ohne überwacht zu werden und lachte noch einmal laut. Sie war immer zynisch. Vielleicht hatte gerade ihr Zynismus sie gerettet.

Aber ja, es war schwierig und dauerte lange, bis man zum Kreis der Mapuche zugelassen wurde. Der Kreis war ein Symbol, auch ihre Hüte waren kreisförmig, im Zentrum war der Ofen, mit einem Schornstein. Jeder Schornstein hatte jetzt eine Reinigungsanlage. Um ihn herum versammelten sie sich und besprachen alles. Ihr Natur-, Volk- und Staatsverständnis entsprang solchen Prinzipien wie Intersubjektivität, Austausch, Anerkennung. Ihr Zusammensein war wirklich von innen demokratisch. Es war ihre tiefe Überzeugung, dass alle Subjekte gleich waren. Und nicht so, dass es von außen kam und die Menschen es bloß akzeptieren sollten. Jeder hatte einen Platz in diesem harmonischen Ganzen: jeder Baum, jeder Fisch, jeder Wassertropfen.

Und sie haben es bewiesen: Ihr Modell entwickelte sich nachhaltig, gewann bei allen öffentlichen Ökowettbewerben von Anfang an. Schade für die anderen indigenen Völker. Sie wurden Teil des Systems. Auf ihren Territorien existierte Industrie, und auf dem Wallmapu nicht. Langsam gingen die „Forestales" nach Afrika, es machte auf so kleinem Gelände keinen Sinn, so viele Verluste erlitten sie wegen ständiger Tumulte und Angriffe. Der Staat kaufte das Land ab zu einem nicht gerade niedrigen Preis und deklarierte es am 14.12.2041 zu Wallmapu. Die Mapuche gewannen ihre Unabhängigkeit zurück. Dann restaurierte sich sofort die alte Mapuche-Ordnung. Mit ihren Versammlungen, wie etwa die demokratischen Rundtische, nachhaltige Agrikultur ohne Privateigentum, entstand eine Ökonomie, welche nicht an einem Wachstumsprinzip orientiert war. Entwicklung ist nicht gleich Wachstum. So bescheiden waren die Mapuche und zugleich so stolz. Und sie erreichten ihre Unabhängigkeit eigentlich dank einer Entdeckung ihrer Tochter: So etwas wie ein Poncho, der jemanden im Wald für etliche Kameras unsichtbar machte. Das erschwerte die Vermittlungsarbeit machte sie sogar unmöglich. Das war die Erfindung ihrer Tochter, die sie fast die Arbeit gekostet hat. Doch den Algorithmus hatte ein Mapuche mit Asperger-Syndrom einfach nachgebildet, bei einem TV-Gespräch hatte er Anna darüber kurz sprechen gehört und aufgrund einer Formel das Ganze „restauriert", es entstand sogar eine Liebesgeschichte.

Er hatte prächtige, teerfarbene Haare, die Augen, das Profil und die Schultern eines Kondors. Letztendlich konnte niemand beweisen, dass er diese Entdeckung aufgrund ihrer Aussagen „raubte", sodass er als Entdecker galt. Ihre Tochter war übrigens damit glücklich. Sie ist mit den Mapuche aufgewachsen, vertraute ihnen bedingungslos.

Bis 2030 haben die Roboter den Arbeitsmarkt zum großen Teil besetzt, Fronarbeiter, ohne Renten- oder Krankenversicherung, ohne Urlaub. Natürlich bereicherten sich die Firmen, welche die Roboter herstellten. Die Arbeiter dagegen verarmten, erkrankten, starben. Überhaupt hatte sich die Ständegesellschaft aus dem Mittelalter wieder etabliert.

Google war jetzt das allessehende Auge Gottes, nur die Medizin, deren Weg von der Pharmazie bereitet wurde, konnte das Heil und die Rettung bringen. Der Mensch wurde zum Bestand. Alles wurde ersetzbar, weil systemrelevant oder eben nicht, alles wurde in diesem geschlossenen Modell bis ins Unendliche wiederverwertet. Menschliche Organe wurden Teil dieses Recyclings. Zweifelsohne war die Gesellschaft durch Geburtskontrolle optimiert. Es gab ab 2027 maximal zwei Kinder pro Paar. Nur Kinder ohne DNA-Defekte wurden zugelassen. Viele Eltern spendeten dann Embryos, die für Organherstellung und Regenerierung nach Traumen und Operationen (z.B. Gehirnoperationen) benutzt wurden. Dabei konnte man genauere Nachbildung der originalen Strukturen erreichen, sodass es praktisch zu keiner Immunreaktion oder keinem Funktionsverlust kam. Human Enhancement ging so weit, dass wirklich Superman und Ironman erschaffen wurden. Wegen besonderer rechtlicher Abstimmungen verschiedener Interessenträgern wurden diese aber wieder „abgebaut". Diese neue

Normalität war wirklich verrückt. Vielleicht sahen es nur die Verrückten.

Sie entspannte sich im Gras und spielte mit ihren Augenlidern. Gelbe Farbe, dann orange, danach rot, lila, grün. Sie fühle sich so leicht. Doch ihr Körper sank immer schwerer auf der grünen Wiese. Sie erinnerte sich wieder an ihre Mutter. Sie hieß Margarita, aber alle nannten sie Daisy, wegen ihrer Liebe zu der westlichen Demokratie. Sie hatte bis zum Ende ihres Lebens nicht verstanden, dass das angenehme, humane Gesicht des Kapitalismus eine theatrale Maske war, die über die Berliner Mauer dem Ostblock gezeigt wurde.

„Sie" bevorzugten es auch damals, mit den jungen, ambitionierten Menschen aus dem kommunistischen Establishment zu spielen, nicht mit den neuen, naiven politischen Leadern. So meinte der „Leuchtende Christopher", ein orthodoxer Priester, in einem Interview aus seiner Untergeschoß-Wohnung: „Gott ist Liebe", sagte er damals, marschierte und hinter ihm standen Millionen. Ein leichtes Gefühl von Ärger beschleunigte kurz ihren Atem, aber sie hat sich von allen Gedanken befreit. Gelb, orange, rot, gelb, lila, rot. Ein Lied tauchte auf aus ihrem Gedächtnis ...

There is a flower within my heart
Daisy, Daisy
Planted one day by a glancing dart
Planted by Daisy Bell
Whether she loves me or loves me not

Sometimes it's hard to tell
Yet I am longing to share the lot
Of beautiful Daisy Bell
Daisy, Daisy, give me your answer, do
I'm half crazy all for the love of you.

Dr. phil. Mariya Veleva

„Ich heiße Mariya Veleva und lehre deutsche Kultur an der Universidad Metropolitana de las Ciencias de Educación, Santiago de Chile. Ich habe über die Ästhetik von Schelling an der Pontificia Universidad de Chile promoviert, an der Albert-Ludwigs-Universität Freiburg habe ich einen Magister Artium in Philosophie und Theologie gemacht, so wie einen Master of Arts in Kunstgeschichte. War zwei Jahre lang als wissenschaftliche Mitarbeiterin an der Internationalen Akademie für Philosophie, Liechtenstein, Campus Santiago de Chile tätig und habe im Bereich Phänomenologie der Kunst geforscht. Als Jugendliche habe ich an der Oberschule für schöne Künste, Sofia, gelernt und habe auch eine abgeschlossene Ausbildung in Mode-Design. Ich male gern und mache Textilcollagen. Während meines zweijährigen Aufenthaltes in Barcelona war ich Mitglied eines Kunstvereins und war an zahlreichen Gemeinschaftsausstellungen beteiligt.“

Kunstprojekt_mensch
ist mensch*

Seit über 2000 Jahren hat sich der Mensch weniger verändert. In der Krise oder überhaupt. Mein Leben ist die Kunst und es ist ein seltenes Geschenk einer Idee beizuwohnen, die später zu einer Veränderung inspirieren könnte.

Selbst in der Zeit der Krise und der Isolation können wir alle Wege finden um ein Zeichen der Verbundenheit zu setzen. Alles beginnt auf lokaler Ebene, aber als einzelner Mensch haben wir die Möglichkeit, jetzt zu handeln und gemeinsam positive Entscheidungen zu treffen, die die Zukunft unseres gemeinsamen Planeten grenzenlos prägen werden.

Aus meiner Verbundenheit und Liebe zu Menschen und Kunst und inspiriert mit ABBAs Aussage habe ich ein Kunstprojekt MENSCH IST MENSCH * konzipiert. Es wird vom Bundesministerium für Familie, Senioren, Frauen und Jugend aus dem Bundesprogramm ‚Demokratie leben' gefördert. Die Initiative soll Menschen in der Zeit der Internationalen Wochen gegen Rassismus 2021 die Möglichkeit bieten, Gedanken und Gefühle zu Themen wie Zusammenhalt und Vielfalt, die nicht verbal vermittelt werden können, künstlerisch auszudrücken.

Kreativität gehört nicht exklusiv Berufskünstlern, es ist das Geburtsrecht jedes einzelnen Men-

schen. Die Kunst entsteht aus dem menschlichen Bedürfnis eigene Identität zu verwirklichen und die Seele in eine Weise zu beflügeln. Sie ist eine Möglichkeit künstlerisch in kontaktfreier Zeit digital und analog eine Inter-Aktion für Zusammenhalt und Vielfalt in der Gesellschaft wieder sichtbar zu machen.
Zeichen um Zeichen, die Gegenwart, wenn auch nur ein bisschen, zu einem fröhlichen Ort zum Leben zu machen!

Die sieben Botschaftsfiguren in Weiss mit MENSCH IST MENSCH* -Aufschrift sind nach Menschenzeichnungen von Kindern aus Hanau hergestellt. Die Figuren haben ca. eine Höhe 190 cm und sind 90 cm breit. Die Figuren bieten die Möglichkeit den Menschen ein Zeichen der Verbundenheit mit eigenem Filzstift, Crayon, Bleistift oder Kugelschreiber zu setzen. Die updates der Aktion werden auf Facebook- und Instagram-Profil Sanja Zivo veröffentlicht. Die Teilnehmer, die ein Facebook- oder Instagram-Profil haben, können und werden gebeten, die Updates auch mit #ZUSAMMENHALT und #SOLIDARITAET zu teilen.

Sanja Zivo

> *Mein Name ist Sanja Zivo, ich lebe und arbeite seit über 33 Jahren als selbstständige Künstlerin in Deutschland. Nach meinem Diplomabschluss an der Universität der Künste in Belgrad, ist mein Weg von meiner Phantasie und der Neugier, die Welt zu erkunden, geleitet.*

Kunst macht glücklich*. Diesem Leitmotiv fühle ich mich in meiner kreativen Tätigkeit verbunden.

Das Ziel meiner kreativen Arbeit ist es, eine Verbindung zwischen Ästhetik und Funktion, aber auch Kunst und Leben zu schaffen. So erhält jede Thematik eine bestimmte Formensprache, und die erzählt eine eigene Geschichte und beschränkt sich auf das Wesentliche. Aus alltäglichen Dingen etwas Besonderes zu machen. Inspirierende Artefakte schaffen, die dahin führen, zur Zeit der schlichten Schönheit der täglichen Dinge zurückzukehren.

Instagram: sanjazivo_art